PIANO SAFARI®

LIBRO DE TÉCNICA 3

POR

KATHERINE FISHER Y JULIE KNERR HAGUE

Kelley Shaffer, diseño de la portada
Marina Alcolea y Juan Cabeza, traducción

Copyright © 2020, Spanish Edition 2023 by Piano Safari, LLC

PIANO SAFARI®
LIBRO DE TÉCNICA 3
POR KATHERINE FISHER Y JULIE KNERR HAGUE
TABLA DE CONTENIDOS

UNIDAD	TÍTULO	TIPO	PÁG.
	Tabla de contenidos		2
	Introducción para el profesor		5
Intro.	Las pentaescalas mayores	Pentaescalas	6
Intro.	Escalando la montaña	Pentaescalas	7
Intro.	Saltos de puma	Triadas	8
Intro.	El metrónomo	Metrónomo	9
1	La escala de do mayor	Escalas	10
1	Inversiones del acorde de do mayor	Inversiones de acordes	14
1	Los grados de la escala de do mayor	Grados de la escala	16
1	Los acordes tonales de do mayor	Acordes tonales	17
1	Progresiones armónicas de do mayor	Progresiones armónicas	18
1	El bajo de Alberti	Patrón de acompañamiento	19
2	Las escalas de la menor	Escalas	20
2	Inversiones del acorde de la menor	Inversiones de acordes	24
2	Los acordes tonales de la menor	Acordes tonales	25
2	Progresiones armónicas de la menor	Progresiones armónicas	26
2	El bajo de Alberti - transporte	Patrón de acompañamiento	27
2	Acompañamiento de vals	Patrón de acompañamiento	28
2	Saltos de rana	Ejercicio especial	30

UNIDAD	TÍTULO	TIPO	PÁG.
3	La escala de sol mayor	Escalas	32
3	Inversiones del acorde de sol mayor	Inversiones de acordes	36
3	Los acordes tonales de sol mayor	Acordes tonales	37
3	Progresiones armónicas de sol mayor	Progresiones armónicas	38
3	Acompañamiento stride	Patrón de acompañamiento	39
3	La liebre y la tortuga	Ejercicio especial	40
3	Avanzando casillas	Revisión	42
4	Las escalas de mi menor	Escalas	44
4	Inversiones del acorde de mi menor	Inversiones de acordes	48
4	Los acordes tonales de mi menor	Acordes tonales	49
4	Progresiones armónicas de mi menor	Progresiones armónicas	50
4	Arpegios de una octava	Ejercicio especial	51
4	La escala cromática	Ejercicio especial	52
4	Avanzando casillas	Revisión	54
5	La escala de fa mayor	Escalas	56
5	Inversiones del acorde de fa mayor	Inversiones de acordes	60
5	Los acordes tonales de fa mayor	Acordes tonales	61
5	Progresiones armónicas de fa mayor	Progresiones armónicas	62
5	Acompañamiento con acordes quebrados	Patrón de acompañamiento	63
5	Ejercicio nº 1 de Hanon	Ejercicio especial	64
5	Avanzando casillas	Revisión	66

UNIDAD	TÍTULO	TIPO	PÁG.
6	Las escalas de re menor	Escalas	68
6	Inversiones del acorde de re menor	Inversiones de acordes	72
6	Los acordes tonales de re menor	Acordes tonales	73
6	Progresiones armónicas de re menor	Progresiones armónicas	74
6	Patrones de acompañamiento	Revisión	75
6	Hanon nº 1. Variaciones gastronómicas 1-3	Ejercicio especial	76
6	Terceras dobles	Ejercicio especial	79
7	Hanon nº 1. Variaciones gastronómicas 4-6	Ejercicio especial	80
7	Más terceras dobles	Ejercicio especial	83
7	Do mayor	Revisión	84
7	La menor	Revisión	85
7	Sol mayor y mi menor	Revisión	86
7	Fa mayor y re menor	Revisión	87
7	Carnaval virtuosístico	Revisión / dúo a 4 manos	88
	Sobre las autoras		96

PIANO SAFARI®
LIBRO DE TÉCNICA 3

POR KATHERINE FISHER Y JULIE KNERR HAGUE
INTRODUCCIÓN PARA EL PROFESOR

Piano Safari® Nivel 3 consta de:

- Piano Safari® Libro de repertorio 3.
- Piano Safari® Libro de técnica 3.
- Piano Safari® Tarjetas de lectura a primera vista y ritmo 3.
- Piano Safari® Libro de teoría 3.

Las siete unidades de este "Libro de técnica 3" se corresponden con las siete unidades del "Libro de repertorio 3", con las "Tarjetas de lectura a primera vista y ritmo 3" y con el "Libro de teoría 3".

Este **Libro de técnica 3** de **Piano Safari®** presenta:

Patrones técnicos en las tonalidades de do mayor, la menor, sol mayor, mi menor, fa mayor y re menor. Estos patrones incluyen:

- Escalas.
- Inversiones de acordes.
- Progresiones armónicas.
- Patrones de acompañamiento: bajo de Alberti, vals, stride y acordes quebrados.

Ejercicios especiales para desarrollar la técnica, que incluyen:

- Pentaescalas* en las 12 notas de la escala cromática.
- Octavas quebradas.
- Arpegios de una octava.
- La escala cromática.
- Terceras dobles.
- El ejercicio de Hanon nº 1 con variaciones.

Objetivos:

- Dominar los patrones técnicos en las tonalidades propuestas.
- Entender la teoría en la que se basan las tonalidades y las funciones tonales.
- Transferir los conocimientos de los patrones técnicos y la teoría al repertorio

Estos conceptos también se refuerzan en el "Libro de repertorio 3", el "Libro de teoría 3" y las "Tarjetas de lectura a primera vista y ritmo 3".

*Pentaescala (del ingl. *pentascale*): serie formada por las cinco primeras notas de una escala mayor o menor.

LAS PENTAESCALAS MAYORES

INTRODUCCIÓN

La **pentaescala mayor** es la serie formada por las cinco primeras notas de una escala mayor. Se forma con un patrón específico de tonos y semitonos.

Tono, tono, semitono, tono (T T st T).

Pentascala de do mayor

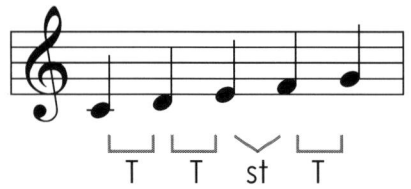

T T st T

Pentascala de re♭ mayor

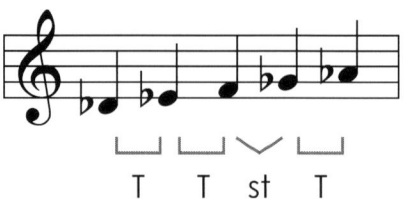

T T st T

Toca Toca las pentaescalas de debajo con articulación *legato*.

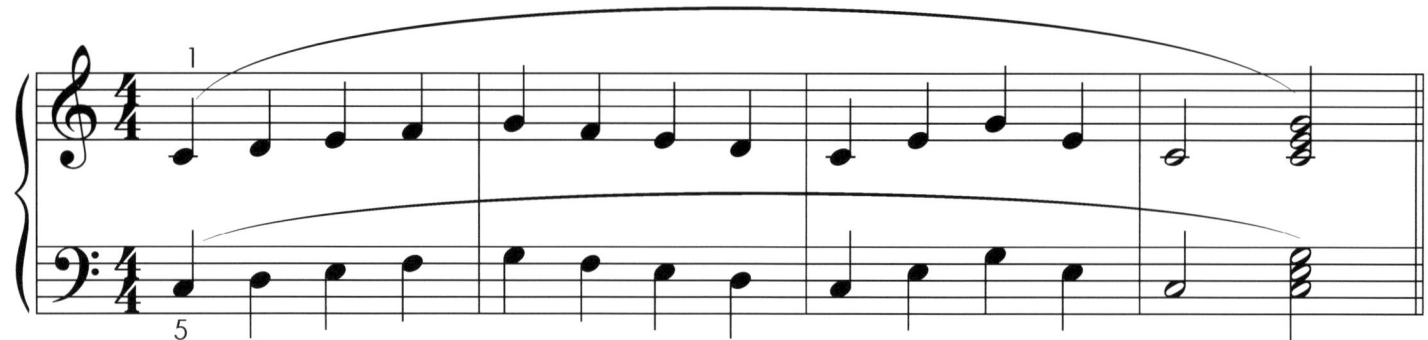

Continúa transportando un semitono hacia arriba, como en la p. 7.

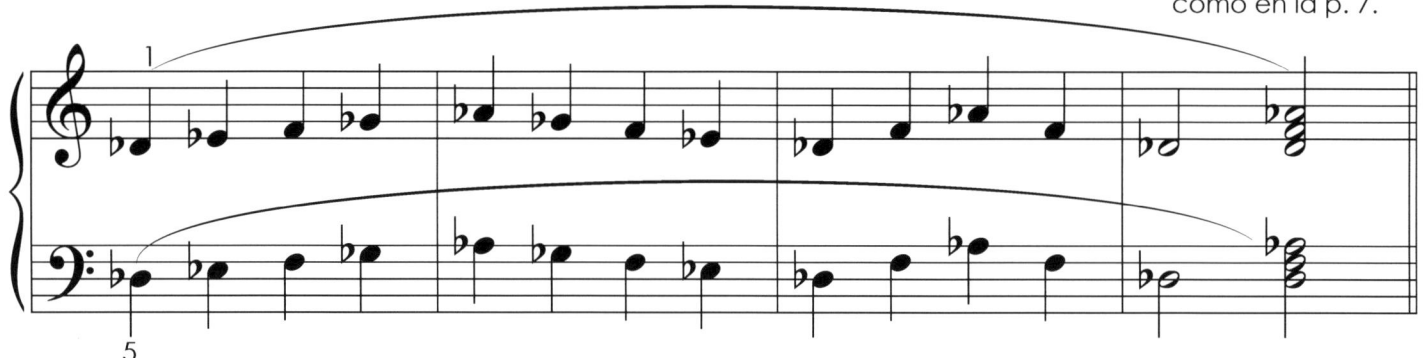

Continúa subiendo, transportando para cada tonalidad*.

Acompañamiento para el profesor. El alumno toca una octava más alta de lo escrito.

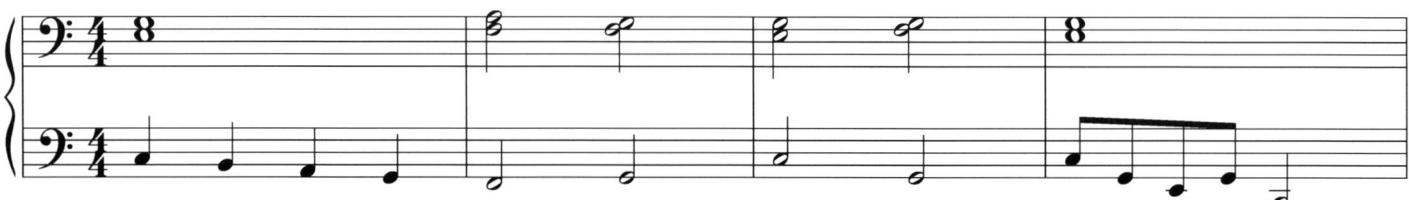

*Visita pianosafari.com para acceder a los acompañamientos transportados.

ESCALANDO LA MONTAÑA

INTRODUCCIÓN

Rellena los círculos correspondientes a las teclas negras para cada pentaescala. *Do* y *re♭* se muestran como ejemplo. Utiliza el patrón T T st T.

Escala la montaña tocando el patrón de pentaescala de la p. 6 en todas las tonalidades.

Toca — Sigue tu progreso marcando cada variación completada.

- [ ] Legato.
- [ ] Staccato.
- [ ] M.D. staccato, M.I. legato.
- [ ] M.I. staccato, M.D. legato.
- [ ] Orden inverso.
- [ ] Transporta al modo menor bajando la 3ª nota un semitono.

Do M
Si M
Si♭ M
La M
La♭ M
Sol M
Fa♯ M
Fa M
Mi M
Mi♭ M
Re M
Re♭ M
Do M

Empieza aquí

SALTOS DE PUMA

INTRODUCCIÓN

Una **triada mayor** se forma con la 1ª, 3ª y 5ª notas de la pentaescala mayor. Tiene una 3ª mayor abajo (4 semitonos) y una 3ª menor arriba (3 semitonos).

Una **triada menor** se forma con la 1ª, 3ª y 5ª notas de la pentaescala menor. Tiene una 3ª menor abajo (3 semitonos) y una 3ª mayor arriba (4 semitonos).

Toca

Observa cómo se alternan los acordes de cada compás: mayor-menor-mayor. Toca desde el antebrazo manteniendo la estabilidad del arco de la mano. Escucha atentamente para asegurarte de que todas las notas suenen juntas.

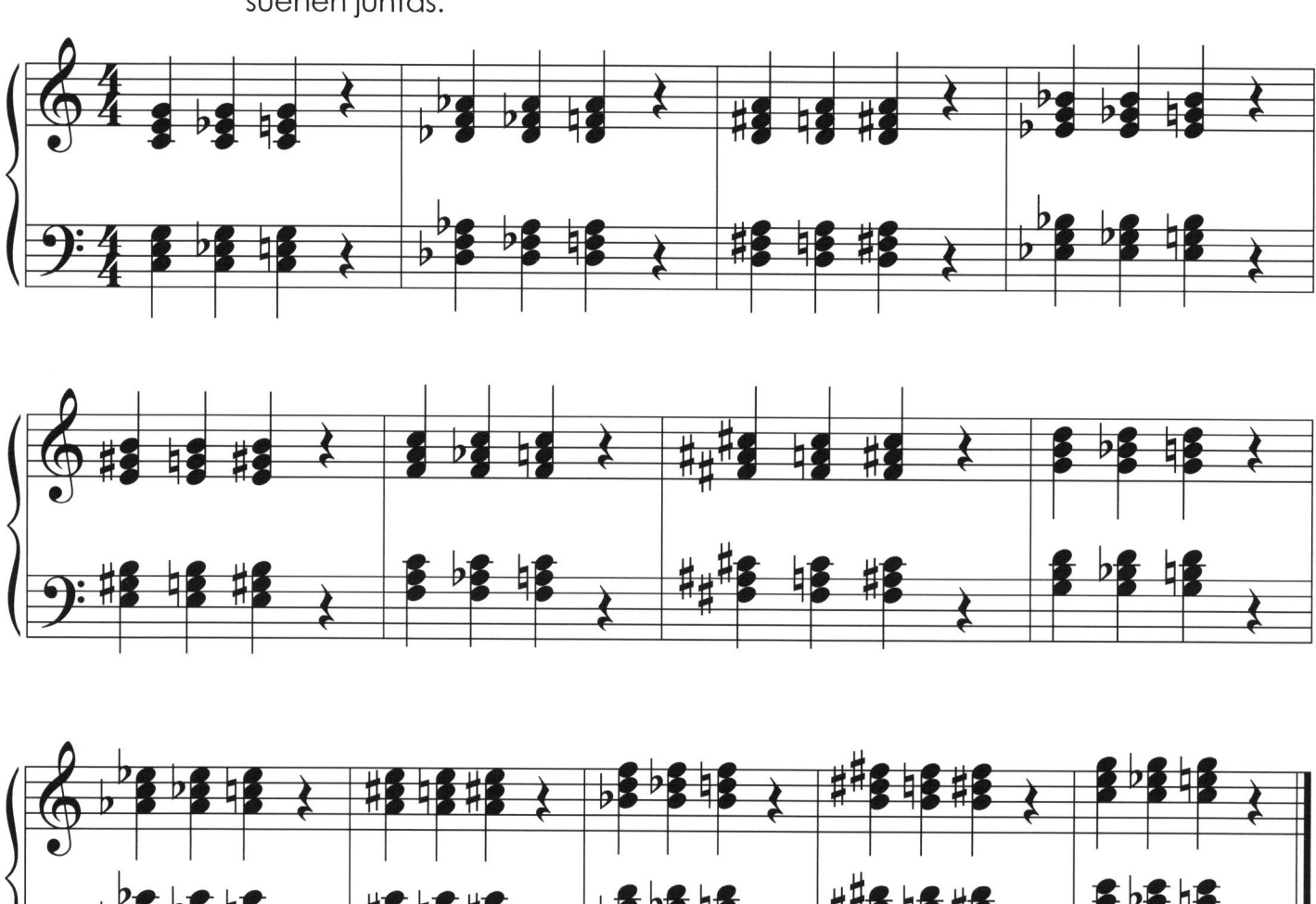

Saltos de puma	M.D.	M.I.	M.J.
Asignado			
Conseguido			

EL METRÓNOMO

INTRODUCCIÓN

Los músicos usan el metrónomo para mantener un pulso estable.

Antes de empezar a tocar con el metrónomo, palmea el pulso con él.

Mide

1. Pon el metrónomo a 80.

2. Lleva el pulso percutiendo sobre la mesa al mismo tiempo que el metronómo. Escucha atentamente para asegurarte de que ambos pulsos coinciden.

3. Pon el metrónomo a las diferentes velocidades de la tabla de abajo. Marca los recuadros cuando hayas realizado correctamente cada *tempo*. También puedes caminar o palmear.

80	92	100	116	132	144

Toca

Toca cuatro pentaescalas mayores con las indicaciones de metrónomo de debajo. Elige las tonalidades y escríbelas en la tabla. Marca los recuadros cuando completes cada *tempo*.

Tonalidades

1. _____
2. _____
3. _____
4. _____

100	112	120	132	144	152

LA ESCALA DE DO MAYOR
Mano izquierda

UNIDAD 1

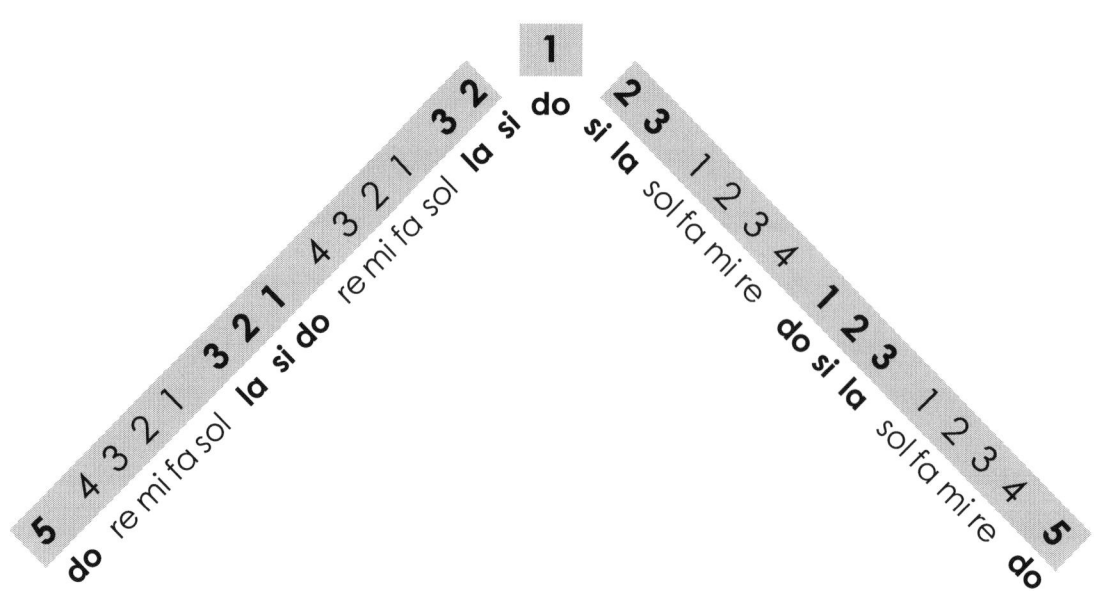

La escala de *do* mayor se toca usando grupos de dedos que se alternan.

Agrupa

La **escala de do mayor** en la **M.I.** se organiza en grupos de cuatro y tres dedos. Después del primer dedo 5, observa que a cada grupo de cuatro le sigue un grupo de tres.

Para aprender los grupos de dedos de la escala en la M.I., empieza tocando el dedo 5 por separado. Agrupa las notas *re, mi, fa* y *sol* tocando las cuatro a la vez. Después, agrupa del mismo modo *la, si* y *do*. Repite el proceso subiendo dos octavas y después bajando hasta que termines con el dedo 5. Aprender a agrupar la escala de este modo te ayudará a visualizar el patrón de digitación.

Toca

- En la escala de abajo, marca con un color cada grupo de dedos. Elige un color para los grupos de cuatro y otro para los grupos de tres.

- Toca la escala con un pulso estable y con buen sonido.

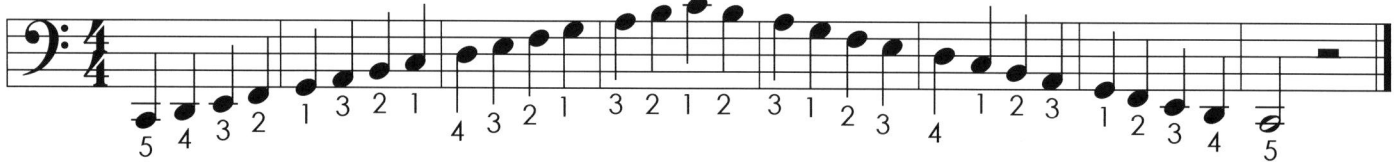

LA ESCALA DE DO MAYOR
Mano derecha

UNIDAD 1

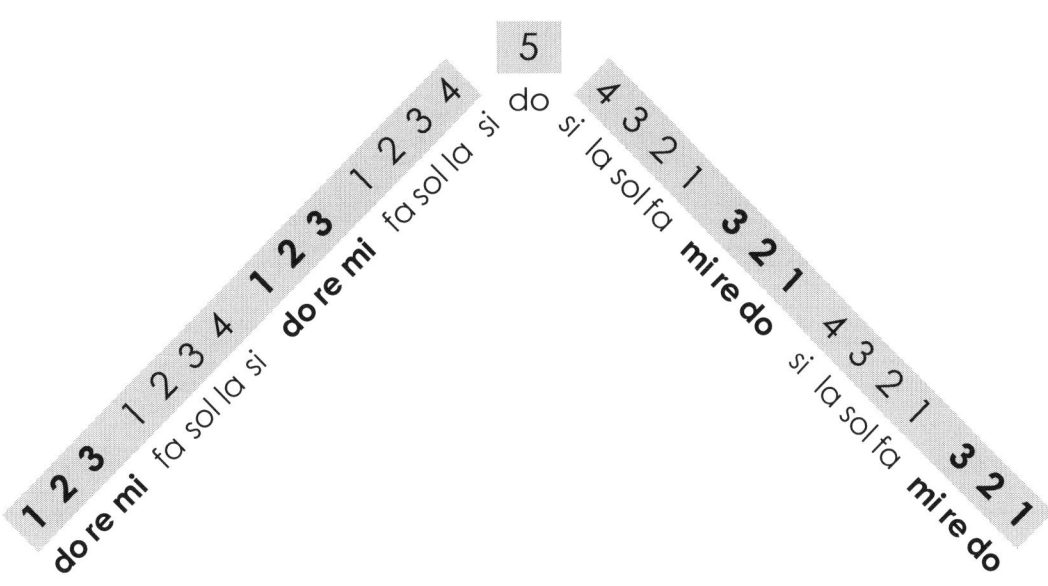

Agrupa

La **escala de do mayor** en la **M.D.** se organiza en grupos de tres y cuatro dedos.

Para aprender los grupos de notas de la escala en la M.D., empieza tocando *do, re* y *mi* a la vez, seguido de *fa, sol, la* y *si*. Repite el proceso subiendo dos octavas y finaliza con el dedo 5 por separado. Para bajar la escala agrupa los dedos del mismo modo.

Toca

- En la escala de abajo, marca con un color cada grupo de dedos. Elige un color para los grupos de cuatro y otro para los grupos de tres.

- Toca la escala con un pulso estable y con buen sonido.

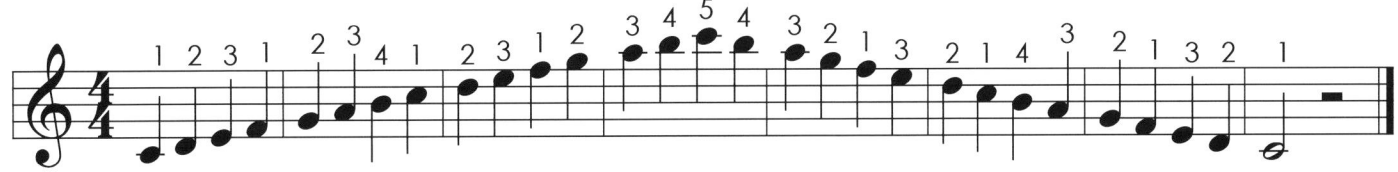

LA ESCALA DE DO MAYOR
Subiendo la escalera

Toca

- Pon el metrónomo a las diferentes velocidades indicadas en los peldaños de las escaleras.

- Comenzando por la parte inferior de la escalera, toca la escala de *do* mayor en negras con el metrónomo. Colorea cada peldaño cuando lo hayas tocado a *tempo*. Trata de llegar hasta el peldaño superior de la escalera.

Mano izquierda

120
112
112
108
108
100
100
92
92
80
80

Mano derecha

120
112
112
108
108
100
100
92
92
80
80

Toca con la esquina de la yema del pulgar
y con un pequeño rebote de muñeca en cada nota.

LA ESCALA DE DO MAYOR
Tabla de velocidades

> Es importante tocar escalas con regularidad para que los movimientos se vuelvan automáticos. Si eres consistente, ¡tu velocidad y fluidez aumentarán!
> Usa esta tabla para trabajar desde un *tempo* lento a uno rápido cada día que practiques. Marca los recuadros para seguir tu progreso.

Mano derecha 2 octs. ♩

Desafío. ¿A qué velocidad puedes tocar?

100	120	132	144	160	

Mano izquierda 2 octs. ♩

Desafío. ¿A qué velocidad puedes tocar?

100	120	132	144	160	

INVERSIONES DE ACORDES
Do mayor: mano izquierda

UNIDAD 1

Cuando cambiamos el orden de las notas de un acorde lo llamamos "invertir" el acorde.

Estado fundamental: un acorde formado por dos 3as, una sobre otra.

Primera inversión: un acorde formado por una 3ª abajo y una 4ª arriba.

Segunda inversión: un acorde formado por una 4ª abajo y una 3ª arriba.

Marca

- Elige un color y dibuja una línea en cada intervalo de 4ª en los acordes de abajo.
- Rodea la inversión que se toca con el dedo 2.
- Toca el ejercicio tres veces seguidas. Observa que tu mano esté redondeada y las puntas de los dedos firmes. Relaja la muñeca después de cada acorde.

Repite x3

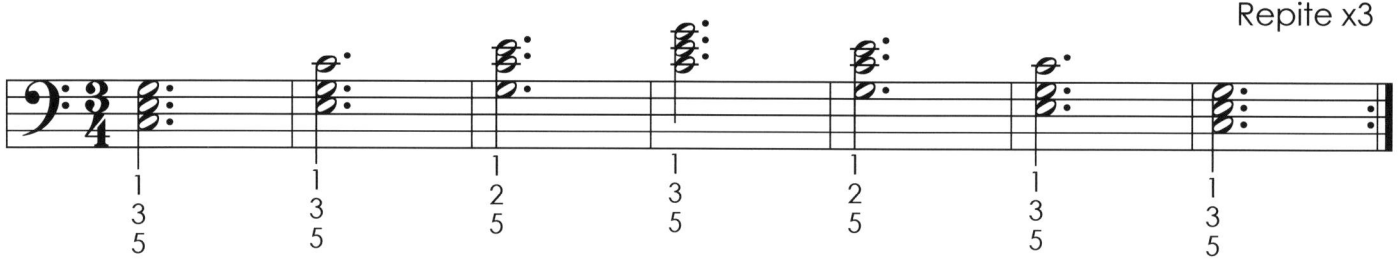

- ¿Qué inversión de la M.I. se toca con el dedo 2? Rodea la respuesta correcta:

Estado fundamental   **1ª inversión**   **2ª inversión**

¿HAS CONSEGUIDO?

Un sonido cálido y bonito.

Elevar ligeramente la muñeca entre cada acorde.

Mantener un pulso estable.

Inversiones de acordes	M.I.
Asignado	
Conseguido	

INVERSIONES DE ACORDES
Do mayor: mano derecha

UNIDAD 1

Marca

- Elige un color y dibuja una línea en cada intervalo de 4ª en los acordes de abajo.
- Rodea la inversión que se toca con el dedo 2.
- Toca el ejercicio tres veces seguidas cada día de práctica.

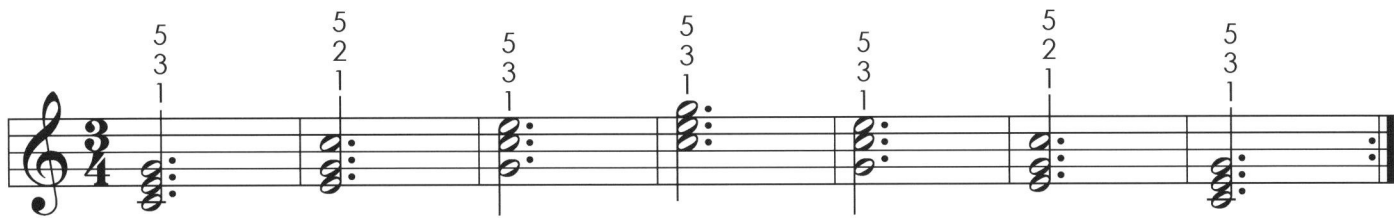

Repite x3

- ¿Qué inversión de la M.D. se toca con el dedo 2? Rodea la respuesta correcta:

Estado fundamental   1ª inversión   2ª inversión

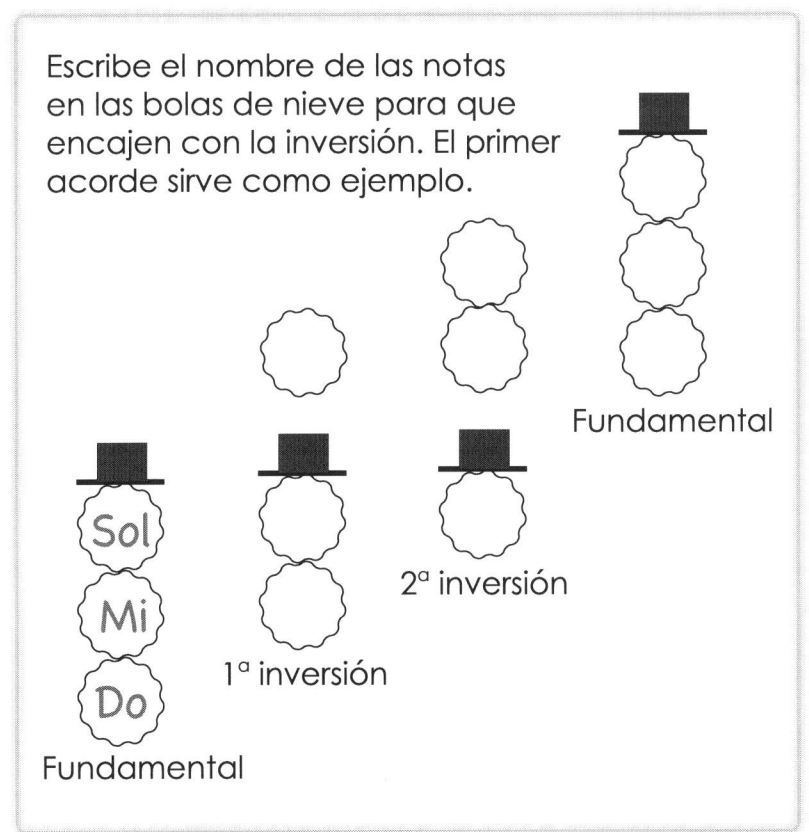

Inversiones de acordes	M.D.
Asignado	
Conseguido	

LOS GRADOS DE LA ESCALA
Do mayor

UNIDAD 1

Si construyes una triada (un acorde formado por 3as) sobre cada nota de la escala de *do* mayor, obtendrás todos los acordes básicos de *do* mayor, que son: acordes mayores, menores y uno disminuido. A continuación mostramos un resumen de cómo están construidos este tipo de acordes.

Triada mayor: 3ª M - 3ª m   **Triada menor:** 3ª m - 3ª M   **Triada disminuida:** 3ª m - 3ª m

Recuerda: 3ª mayor (3ª M): cuatro semitonos; 3ª menor (3ª m): tres semitonos.

Escribe

Escribe una triada a partir de cada nota de la escala e identifica el acorde formado. Después, toca los acordes con la M.D. mientras dices su nombre en voz alta. Algunos ya están escritos.

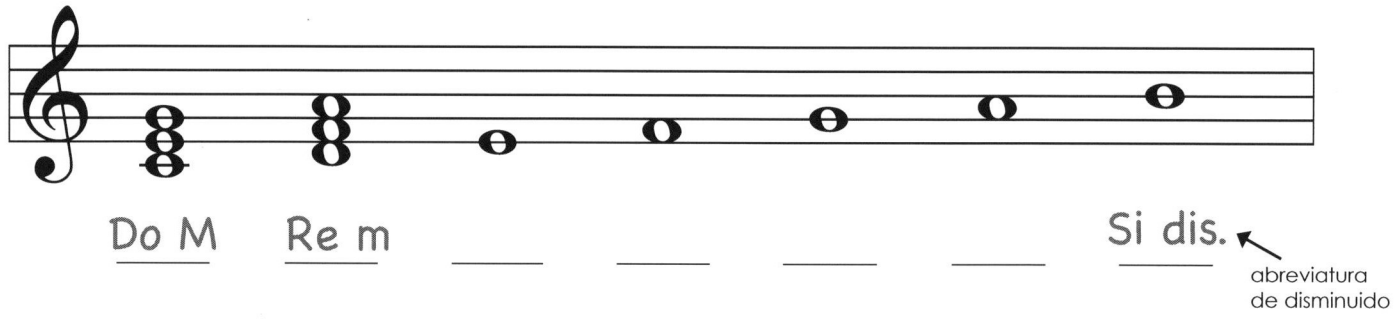

Do M   Re m   ____   ____   ____   ____   Si dis.

abreviatura de disminuido

Los acordes también se pueden cifrar con **números romanos**.

Copia los acordes de la clave de *sol* en la clave de *fa*. Después toca los acordes con la mano izquierda mientras dices su número romano en voz alta.

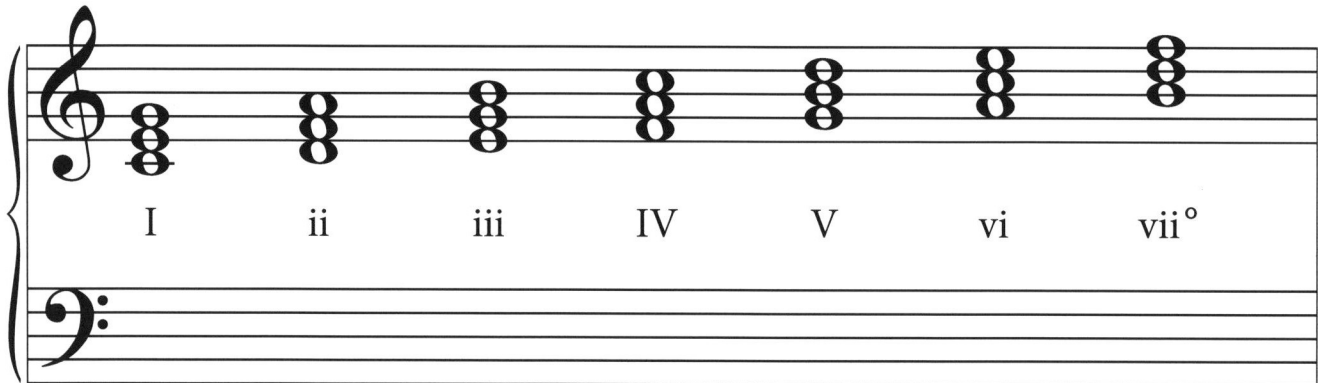

I   ii   iii   IV   V   vi   vii°

Rodea los acordes formados sobre los grados I, IV y V. Son los **acordes tonales**. Estos acordes se usan frecuentemente para establecer el centro tonal de una pieza.

LOS ACORDES TONALES
Do mayor

UNIDAD 1

> Los **acordes tonales** se forman sobre los grados I, IV y V. Se usan frecuentemente para establecer el centro tonal de una pieza.
>
> A continuación se muestran los acordes tonales en la tonalidad de *do mayor*.

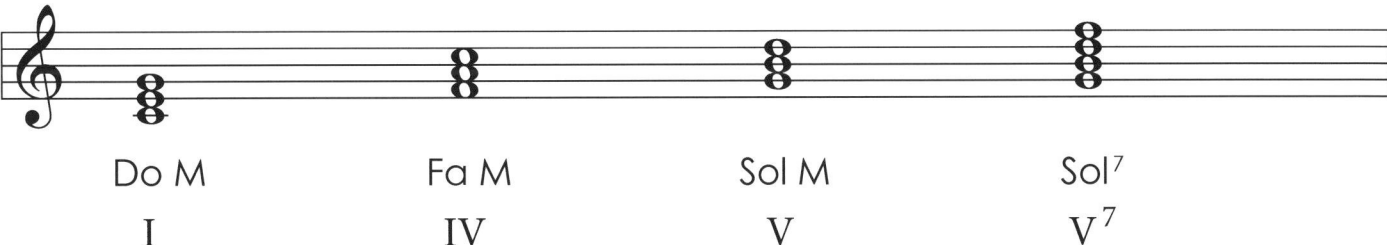

| Do M | Fa M | Sol M | Sol^7 |
| I | IV | V | V^7 |

Analiza

Cuando los acordes tonales se presentan en un orden específico se llama **progresión armónica**. Algunos acordes se pueden invertir para minimizar los cambios de posición.

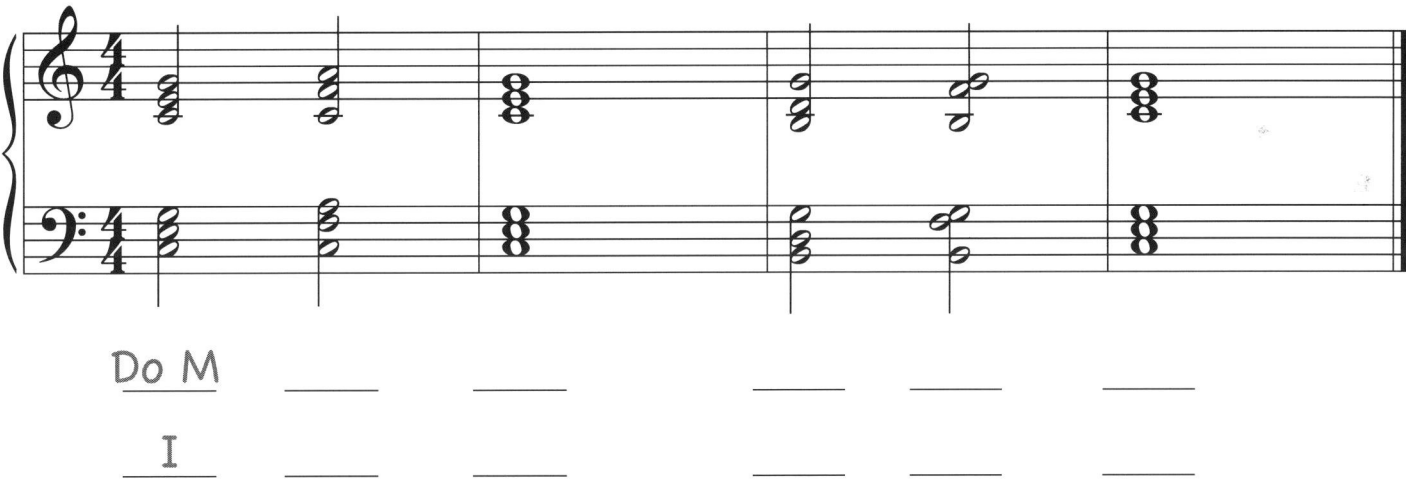

Do M
___ ___ ___ ___ ___

I
___ ___ ___ ___ ___

- En la progresión de arriba, rodea con un círculo los acordes que están invertidos.

- Toca cada acorde que has rodeado. Con la ayuda de tu profesor, inviértelo hasta que encuentres el mismo acorde en estado fundamental.

- Cuando encuentres el acorde en estado fundamental, escribe debajo su nombre y su número romano correspondiente. El primer acorde ya está hecho como ejemplo.

Profesor: La explicación sobre el análisis de acordes se encuentra en el "Libro de Teoría 3", p. 25-33.

PROGRESIONES ARMÓNICAS
Do mayor

UNIDAD 1

Toca

- Toca con manos separadas (M.S.) mientras dices los grados de cada acorde.
- Cuando hayas aprendido bien cada mano, toca con manos juntas (M.J.)
- Añade el pedal. Los cambios entre cada acorde deben sonar limpios.

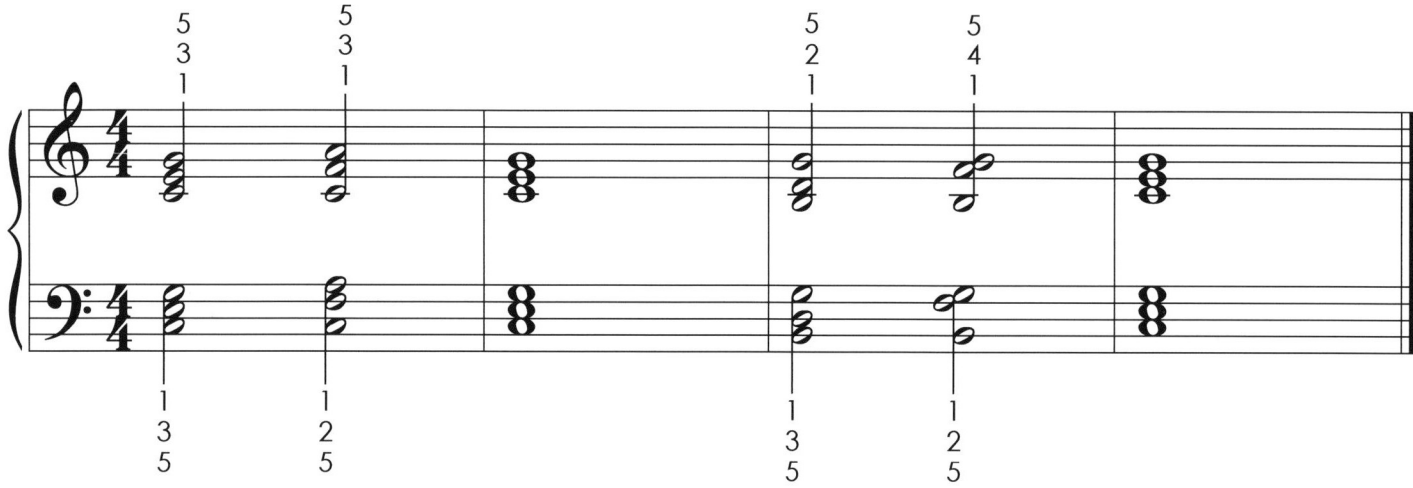

¿HAS CONSEGUIDO?

Una digitación correcta.

Relajar las muñecas entre cada acorde.

El arco de la mano estable.

Progresión armónica	M.D.	M.I.	M.J.	M.J. con pedal
Asignado				
Conseguido				

EL BAJO DE ALBERTI
Do mayor

UNIDAD 1

El **bajo de Alberti** es un tipo de acompañamiento usado en muchas piezas durante el clasicismo.

Recibe este nombre de Domenico Alberti (ca. 1710-1740), un compositor italiano que utilizaba este acompañamiento con frecuencia en sus composiciones.

¿HAS CONSEGUIDO?

Una buena posición del dedo 5.

La rotación en *legato*.

La mano alineada con el brazo.

Bajo de Alberti	M.I.	M.J.
Asignado		
Conseguido		

LA ESCALA DE LA MENOR
Mano izquierda

UNIDAD 2

Hay tres tipos de escalas menores:

- La **escala menor natural:** sin alteraciones adicionales.
- La **escala menor armónica:** la 7ª nota se eleva un semitono.
- La **escala menor melódica:** la 6ª y 7ª notas se elevan un semitono en su forma ascendente y se mantienen naturales en su forma descendente.

Escribe

Los tres tipos de escala tienen la misma digitación. Escribe la digitación debajo de las notas de la escala menor armónica. Identifica las alteraciones en las escalas menores armónica y melódica.

Escala de la menor natural

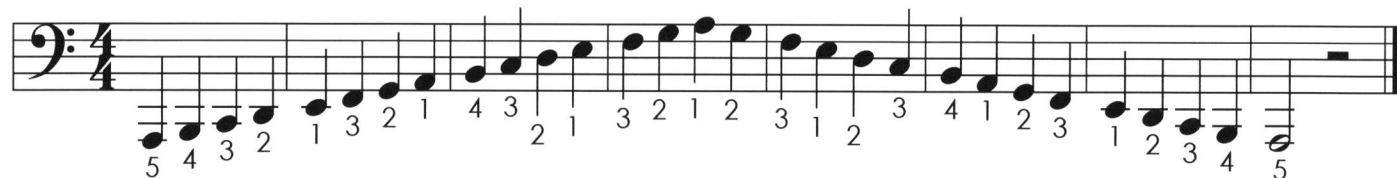

Escala de la menor armónica

Escala de la menor melódica

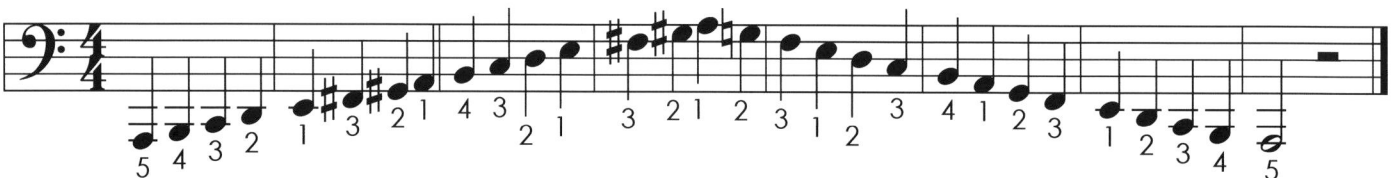

LA ESCALA DE LA MENOR
Mano derecha

UNIDAD 2

Escribe — Escribe la digitación de la escala de *la* menor armónica encima de las notas. Identifica las alteraciones en las escalas menores armónica y melódica.

Escala de la menor natural

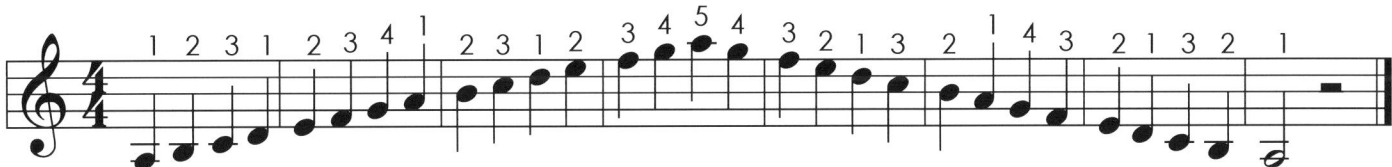

Escala de la menor armónica

Escala de la menor melódica

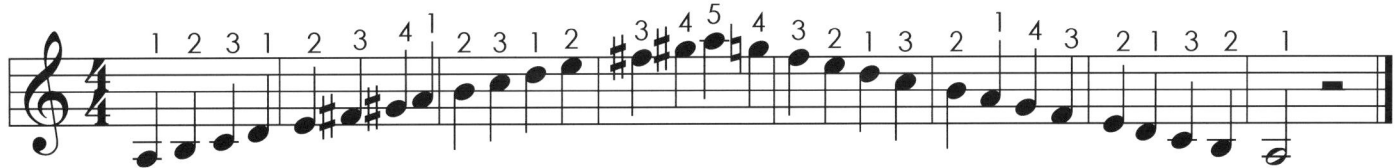

Agrupa

Practicar los grupos de dedos de la escala ayuda a visualizar mejor el patrón de digitación. Trata de hacerlo con los tres tipos de la escala de *la* menor.

- Para practicar los grupos en la **M.I.**, empieza tocando el dedo 5 por separado. Seguidamente, toca a la vez el grupo de cuatro dedos y después el grupo de tres. Repite el proceso subiendo dos octavas y después bajando hasta terminar con el dedo 5.

- Para practicar los grupos de la **M.D.** toca a la vez el grupo de tres dedos y luego el grupo de cuatro. Continúa subiendo dos octavas y finaliza con el dedo 5. Toca agrupando de nuevo los dedos en la bajada.

LA ESCALA DE LA MENOR
Mano izquierda

Toca cada tipo de la escala de *la* menor con la M.I. con las siguientes indicaciones de metrónomo:

| 100 | 120 | 132 | 144 | 160 |

Tu profesor te señalará qué tipo de escala practicar. Cuando completes con éxito cinco repeticiones colorea cinco partes del huevo correspondiente.

Menor natural

Menor armónica

Menor melódica

LA ESCALA DE LA MENOR
Mano derecha

Toca cada tipo de la escala de *la* menor con la M.D. con las siguientes indicaciones de metrónomo:

| 100 | 120 | 132 | 144 | 160 |

Tu profesor te señalará qué tipo de escala practicar. Cuando completes con éxito cinco repeticiones colorea cinco partes del caleidoscopio correspondiente.

Menor natural

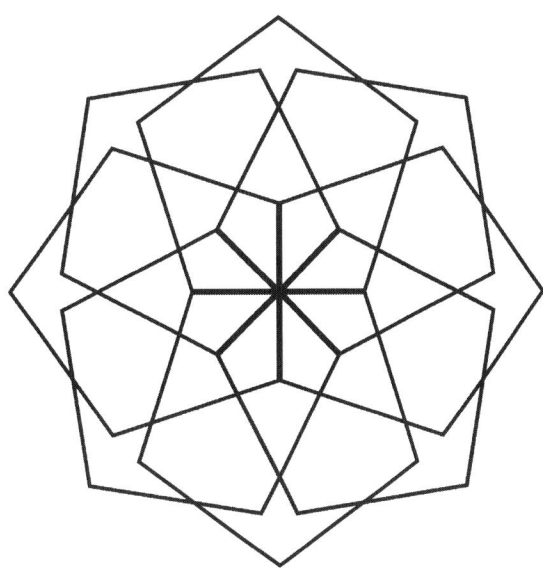

Menor armónica

Menor melódica

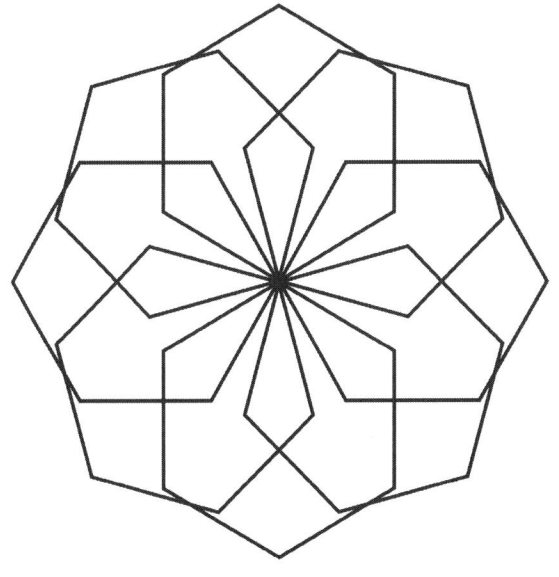

INVERSIONES DE ACORDES
La menor

UNIDAD 2

Toca

- Rodea las inversiones que se tocan con el dedo 2.
- Toca la M.D. y la M.I. tres veces seguidas cada día de práctica.

Mano derecha

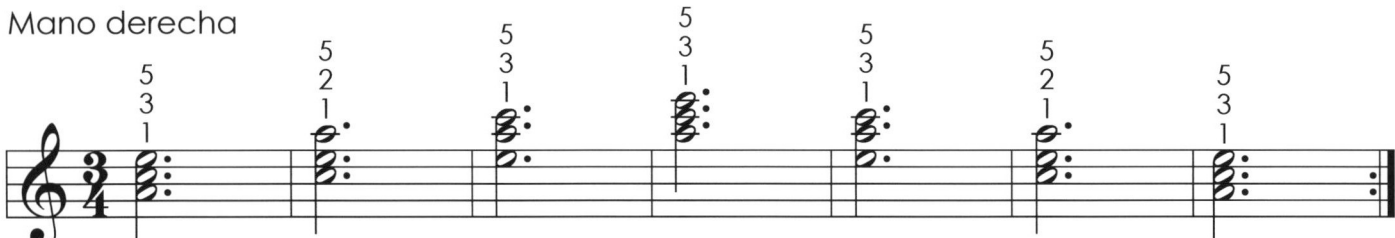

Mano izquierda

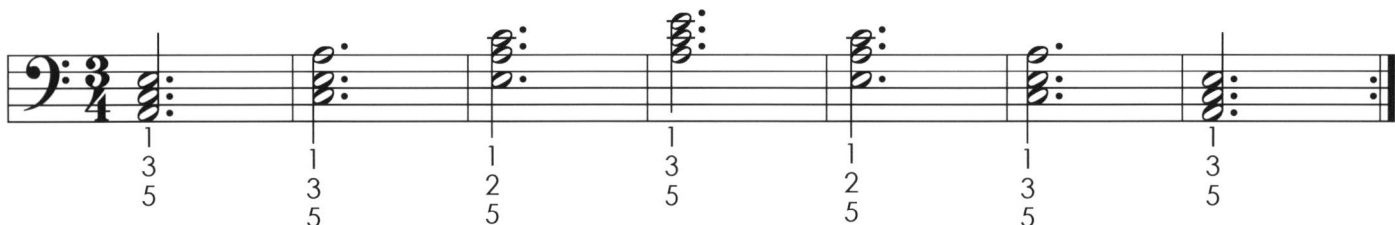

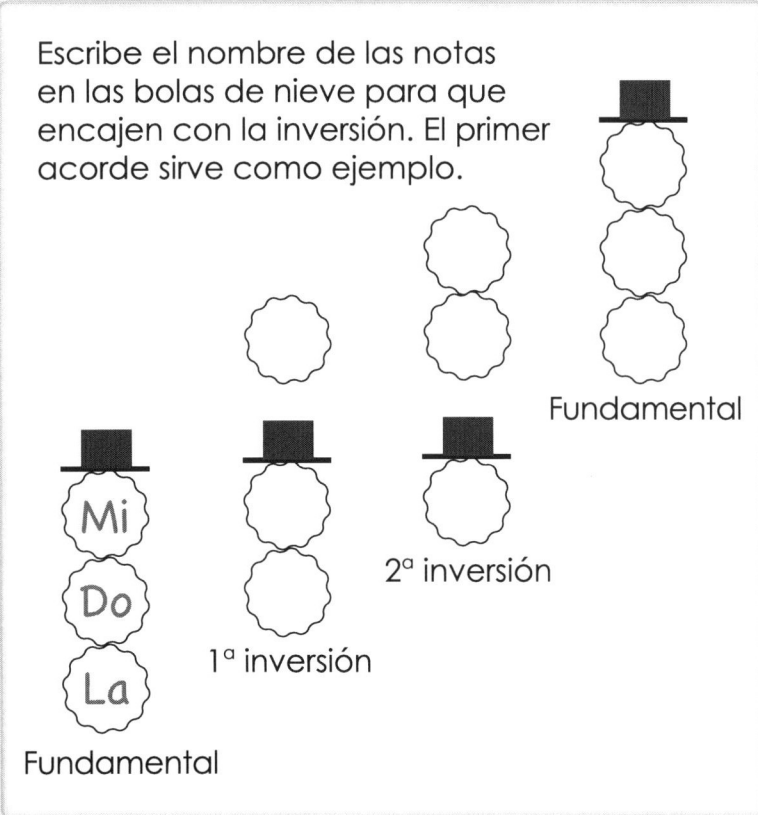

Escribe el nombre de las notas en las bolas de nieve para que encajen con la inversión. El primer acorde sirve como ejemplo.

Inversiones de acordes	M.D.	M.I.
Asignado		
Conseguido		

LOS ACORDES TONALES
La menor

UNIDAD 2

Puedes formar una triada sobre cada nota de la escala de *la* menor para obtener los acordes básicos de esta tonalidad. A continuación se muestran los acordes tonales de *la* menor, construidos sobre los grados I, IV, y V de la escala.

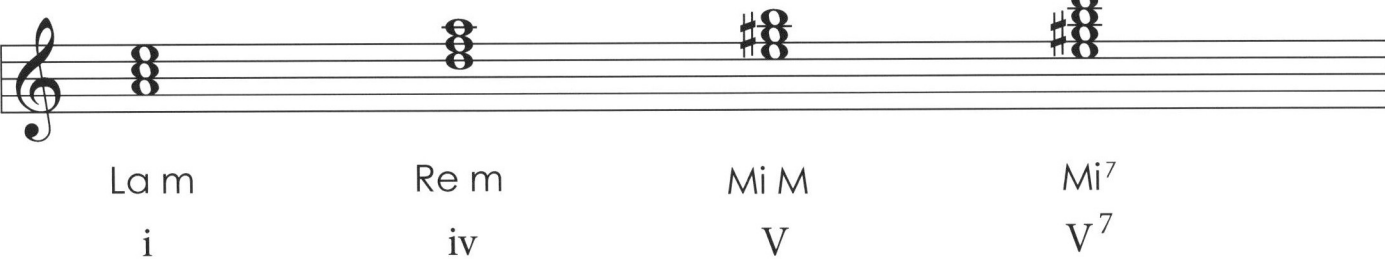

La m   Re m   Mi M   Mi^7
i   iv   V   V^7

Analiza

- En la siguiente progresión armónica, rodea con un círculo los acordes que están invertidos.

- Toca cada acorde que has rodeado. Con la ayuda de tu profesor, inviértelo hasta que encuentres el mismo acorde en estado fundamental.

- Cuando hayas encontrado los acordes en estado fundamental, escribe debajo su nombre y su grado con números romanos.

PROGRESIONES ARMÓNICAS
La menor

UNIDAD 2

Toca

- Toca con manos separadas mientras dices los grados de cada acorde.
- Cuando hayas aprendido bien cada mano, toca con manos juntas.
- Añade el pedal. Los cambios entre cada acorde deben sonar limpios.

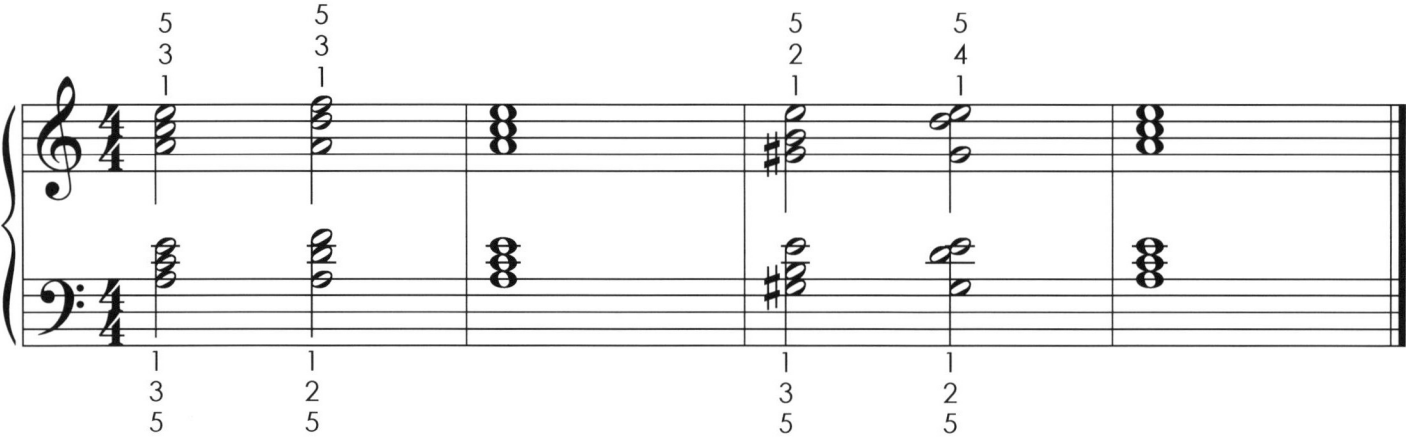

¿HAS CONSEGUIDO?

Una digitación correcta.

Relajar las muñecas entre cada acorde.

El arco de la mano estable.

Progresión armónica	M.D.	M.I.	M.J.	M.J. con pedal
Asignado				
Conseguido				

EL BAJO DE ALBERTI
La menor: transporte

UNIDAD 2

El término **transportar** significa tocar un patrón en una tonalidad diferente. Revisa el patrón de bajo de Alberti en *do* mayor (p. 19). Después transpórtalo a *la* menor.

¿HAS CONSEGUIDO?

Una buena posición del dedo 5.

La rotación en *legato*.

Una digitación correcta.

Bajo de Alberti	Do mayor	La menor
Asignado		
Conseguido		

ACOMPAÑAMIENTO DE VALS
Do mayor

UNIDAD 2

> El acompañamiento de vals es un tipo de acompañamiento utilizado en piezas escritas en compás de 3/4 y que da a la música una sensación rítmica de baile.
>
> Cuando toques el acompañamiento de vals, enfatiza la primera nota con un ligero descenso de la muñeca. Toca las siguientes notas *staccato* más ligeras y con un movimiento hacia arriba de la muñeca.

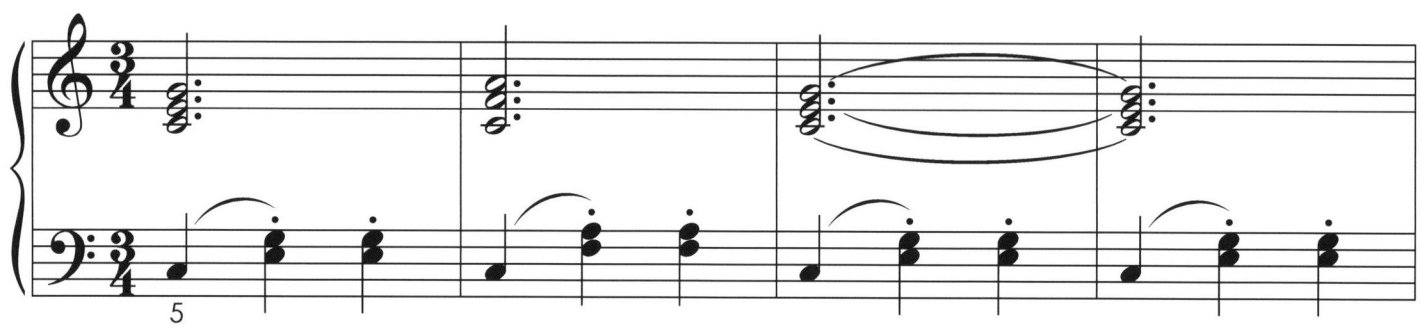

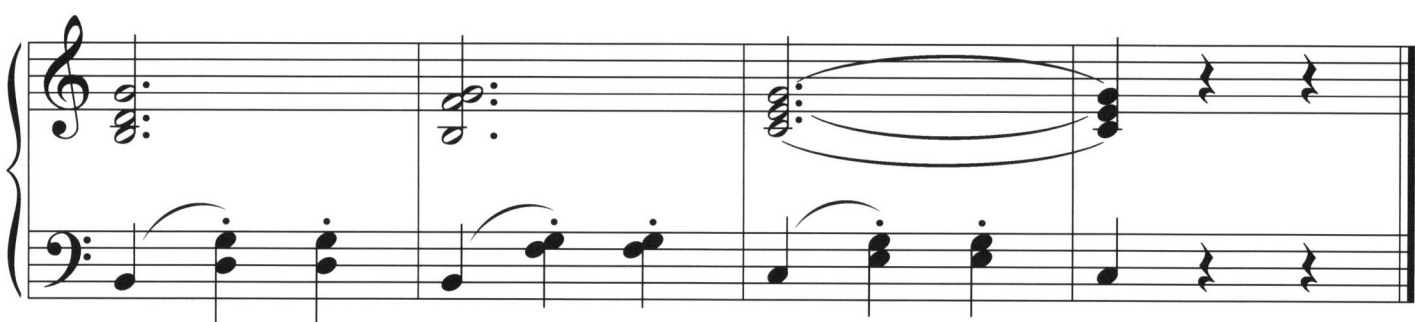

Acomp. de vals	M.I.	M.J.
Asignado		
Conseguido		

ACOMPAÑAMIENTO DE VALS
La menor

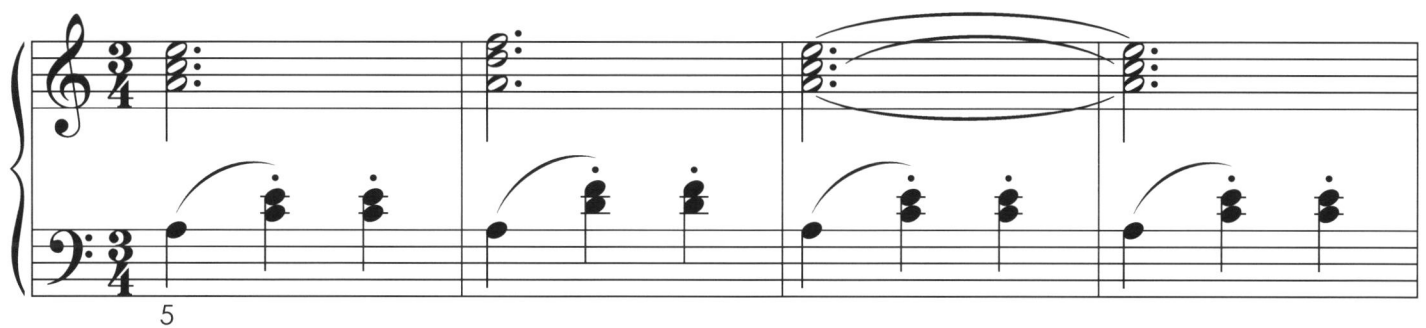

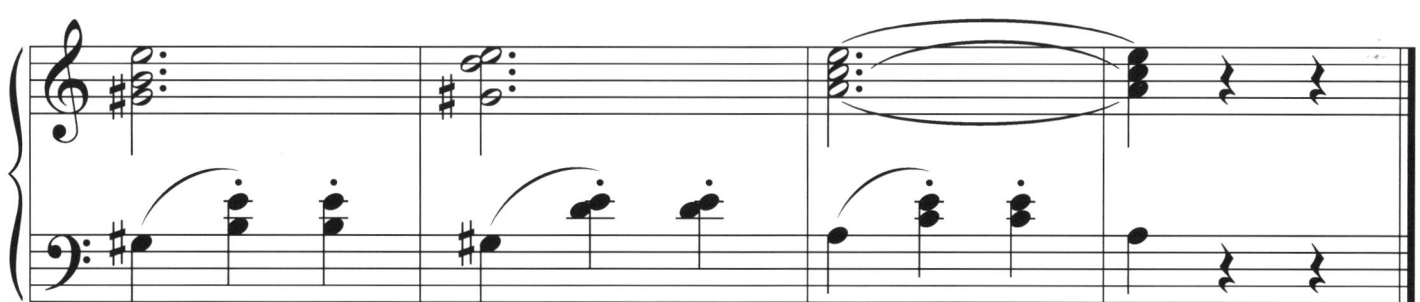

¿HAS CONSEGUIDO?

Un movimiento abajo-arriba-arriba en la M.I.

Destacar el pulso 1 sobre los pulsos 2 y 3.

Una digitación correcta.

Acomp. de vals	M.I.	M.J.
Asignado		
Conseguido		

SALTOS DE RANA
Mano izquierda

UNIDAD 2

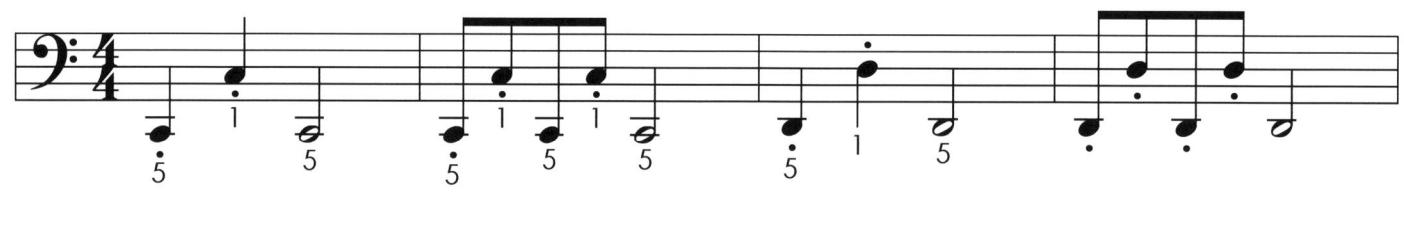

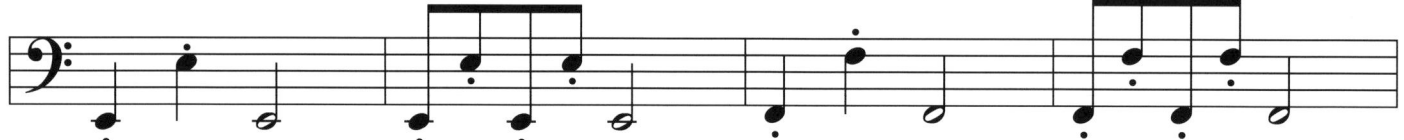

¿HAS CONSEGUIDO?

Una buena posición del dedo 5.

Saltar entre las notas sin estirar los dedos.

Tocar *staccato* con rebote del brazo.

Acompañamiento para el profesor.

Continúa subiendo

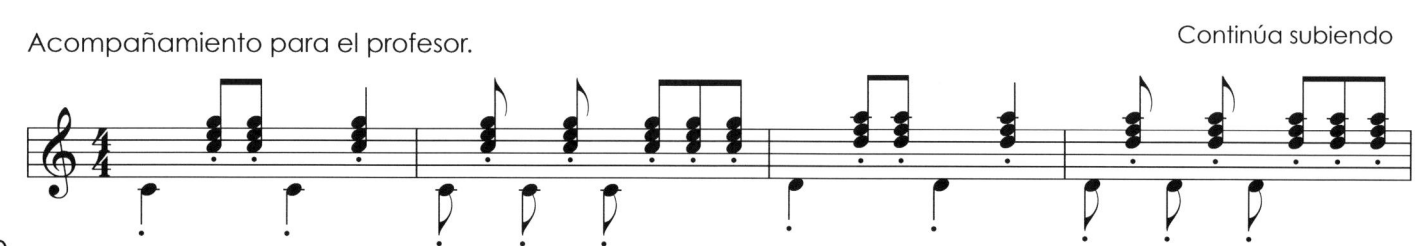

SALTOS DE RANA
Mano derecha

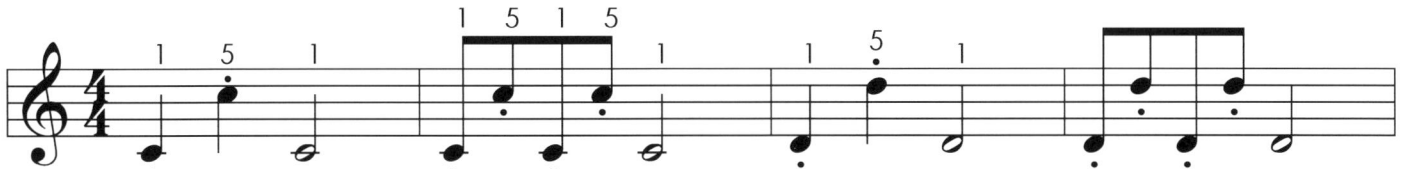

Saltos de rana	M.D.	M.I.
Asignado		
Conseguido		

Acompañamiento para el profesor. Continúa subiendo

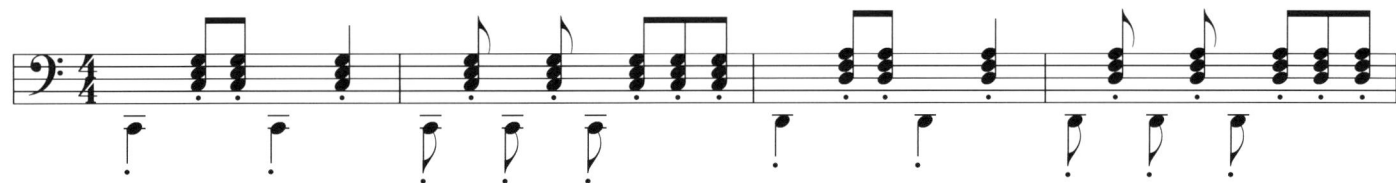

LA ESCALA DE SOL MAYOR
Mano izquierda

UNIDAD 3

Toca

Con el metrónomo a 80, toca una escala de una octava en negras. Presta atención a la calidad del sonido y haz un pequeño rebote del brazo en cada nota.

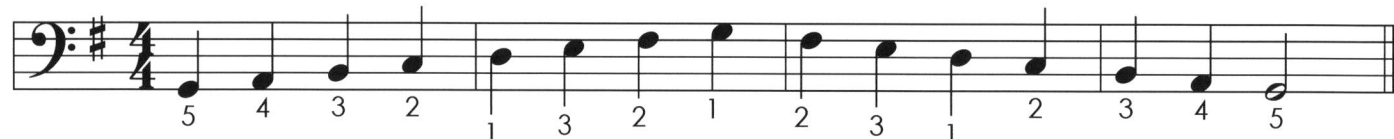

Mantén el metrónomo a la misma velocidad y toca una escala de dos octavas en corcheas. Minimiza el rebote del brazo. A mayor velocidad, menor movimiento.

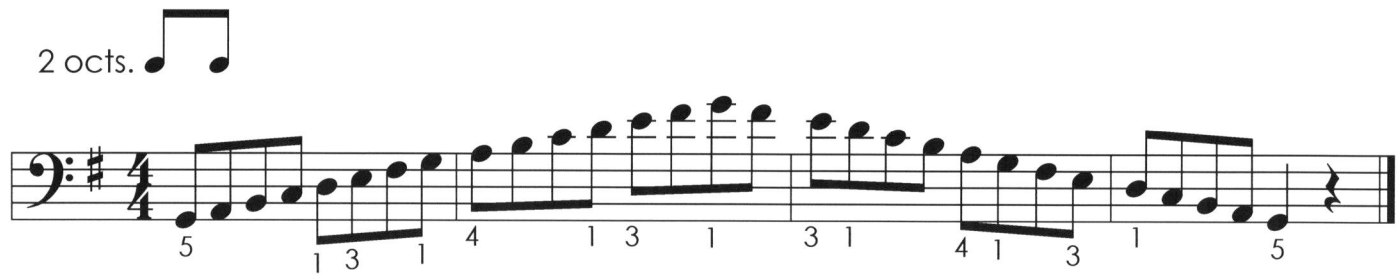

Combina los dos primeros pasos. Con el metrónomo en marcha, toca una escala de una octava en negras seguida de dos octavas en corcheas.

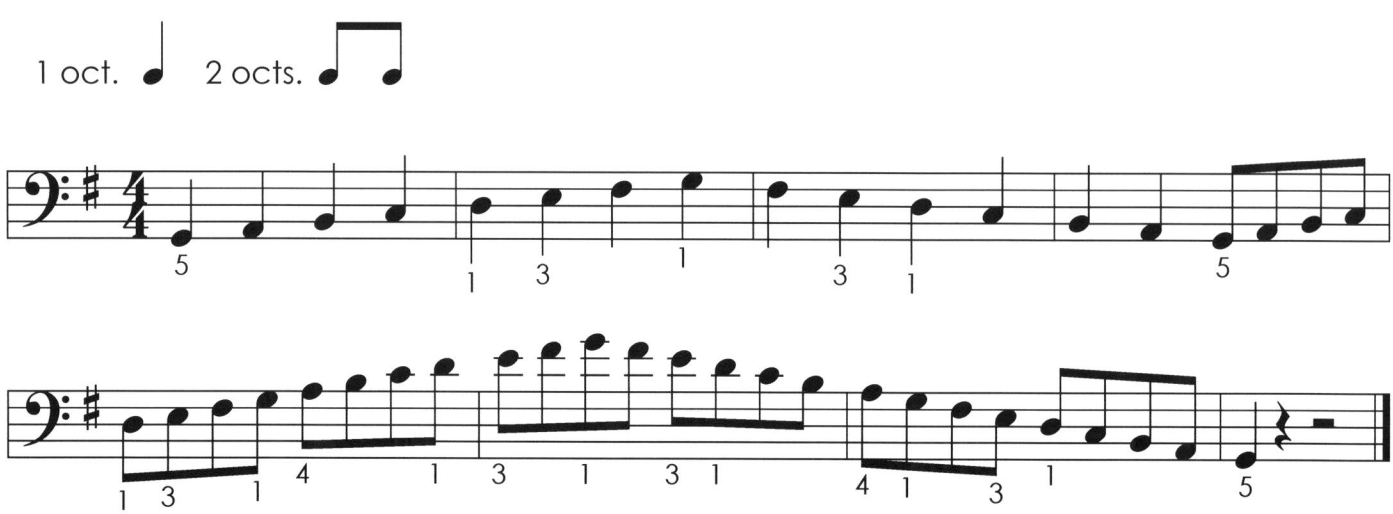

LA ESCALA DE SOL MAYOR
Mano derecha

CONSEJO TÉCNICO

El pulgar es uno de los dedos más importantes al tocar una escala porque sirve como soporte del resto de la mano. Si el pulgar está demasiado bajo, es probable que el resto de los dedos se hundan y la mano pierda la posición correcta.

Si tocas con la esquina de la yema del pulgar, tendrás más control sobre el sonido y regularidad en la escala. Esto te permitirá aumentar la velocidad con más facilidad. Así que si quieres tocar rápido, ¡presta atención al pulgar!

LA ESCALA DE SOL MAYOR
Mano izquierda

1. Toca la escala de *sol* mayor con la M.I. Tu profesor escribirá las indicaciones de metrónomo.

2. Colorea cinco partes del caballito de mar cuando completes cinco repeticiones.

Mano izquierda 1 oct. ♩   2 octs. ♫

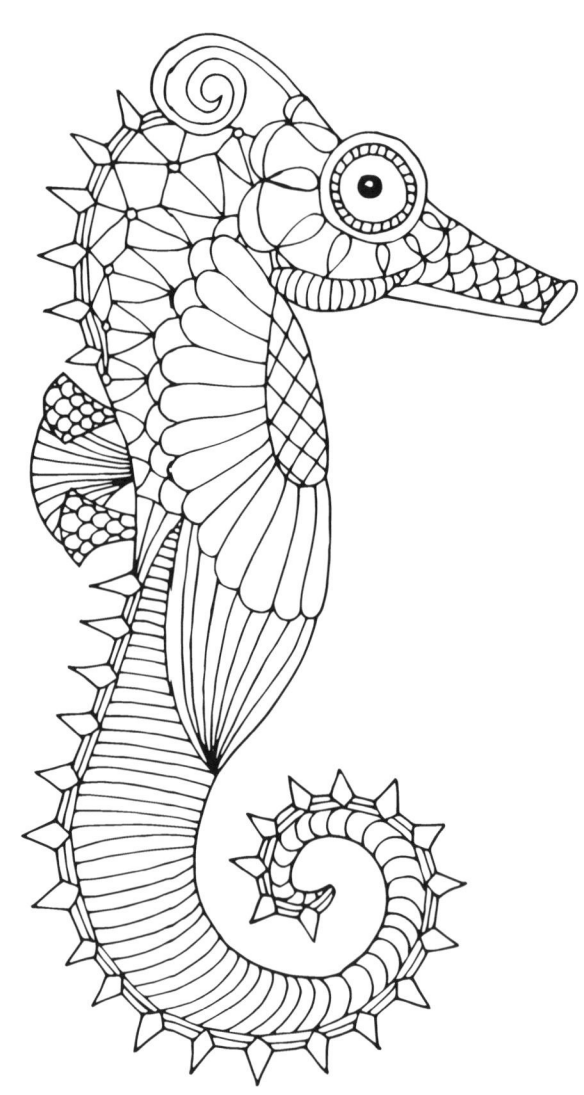

Escribe

- ¿Qué sostenido tiene la escala de *sol* mayor? _____
- Escribe la armadura en el pentagrama.

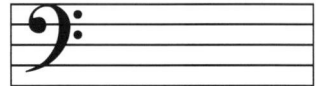

LA ESCALA DE SOL MAYOR
Mano derecha

1. Toca la escala de *sol* mayor con la M.D. Tu profesor escribirá las indicaciones de metrónomo.

2. Colorea cinco partes del loro cuando completes cinco repeticiones.

Mando derecha   1 oct. ♩   2 octs. ♫

Escribe

- ¿Qué sostenido tiene la escala de *sol* mayor? _____
- Escribe la armadura en el pentagrama.

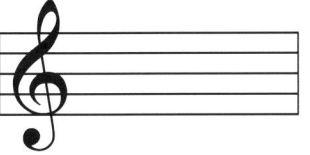

INVERSIONES DE ACORDES
Sol mayor

UNIDAD 3

Toca

Toca las inversiones con acordes y en forma quebrada con cada mano. Repite cada línea tres veces. Las digitaciones son las mismas que en las anteriores tonalidades que has aprendido. Rodea con un círculo las inversiones que usen el dedo 2.

Mano derecha

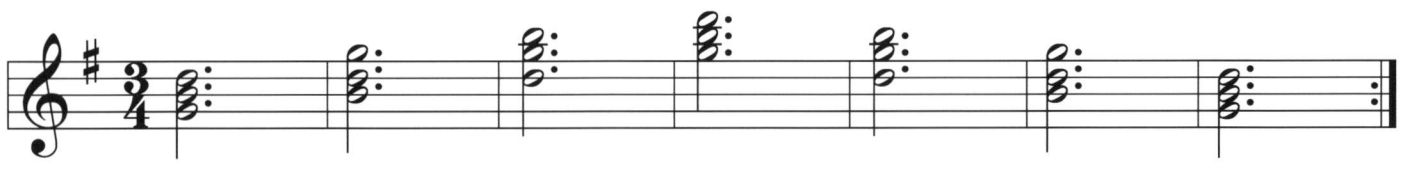

Mano izquierda

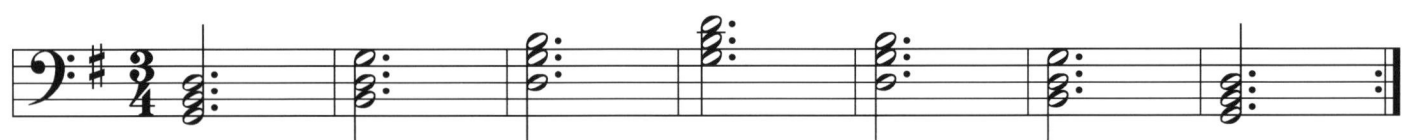

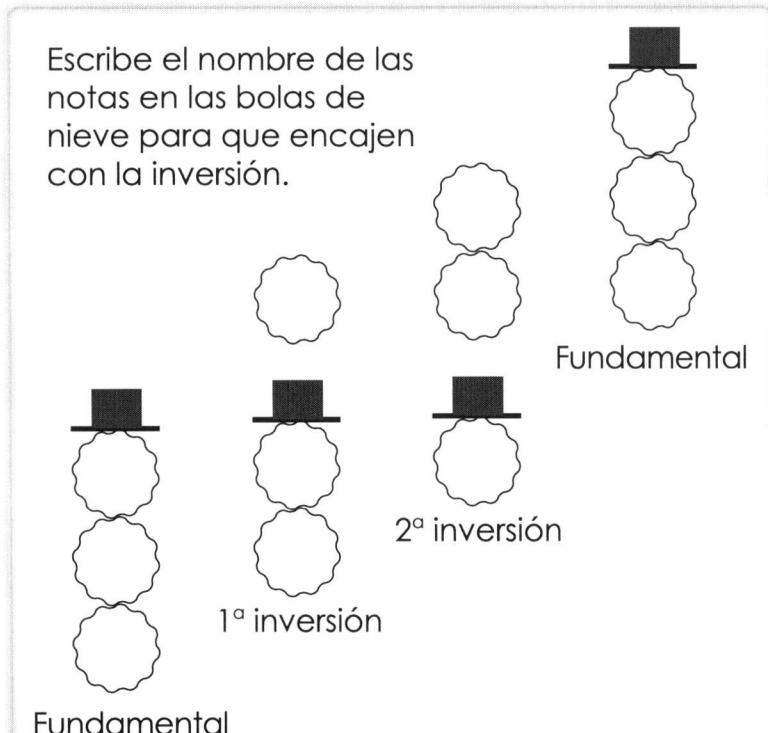

Escribe el nombre de las notas en las bolas de nieve para que encajen con la inversión.

Fundamental

2ª inversión

1ª inversión

Fundamental

Inversiones de acordes	M.D.	M.I.
Asignado		
Conseguido		

Transportar	Do mayor	La menor
Asignado		
Conseguido		

LOS ACORDES TONALES
Sol mayor

UNIDAD 3

> Puedes formar una triada sobre cada nota de la escala de *sol* mayor para obtener los acordes básicos de esta tonalidad. A continuación se muestran los acordes tonales de *sol* mayor, construidos sobre los grados I, IV, y V de la escala.

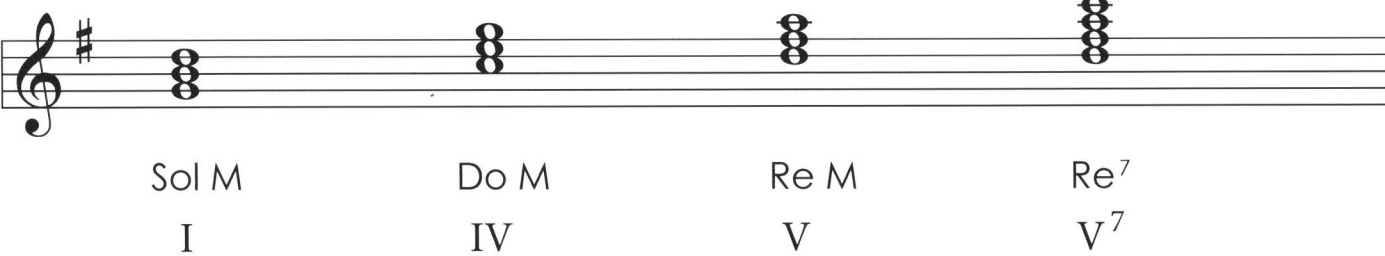

Sol M   Do M   Re M   Re^7
I   IV   V   V^7

Analiza

- En la siguiente progresión armónica, rodea con un círculo los acordes que están invertidos.

- Toca cada acorde que has rodeado. Con la ayuda de tu profesor, inviértelo hasta que encuentres el mismo acorde en estado fundamental.

- Cuando hayas encontrado los acordes en estado fundamental, escribe debajo su nombre y su grado con números romanos.

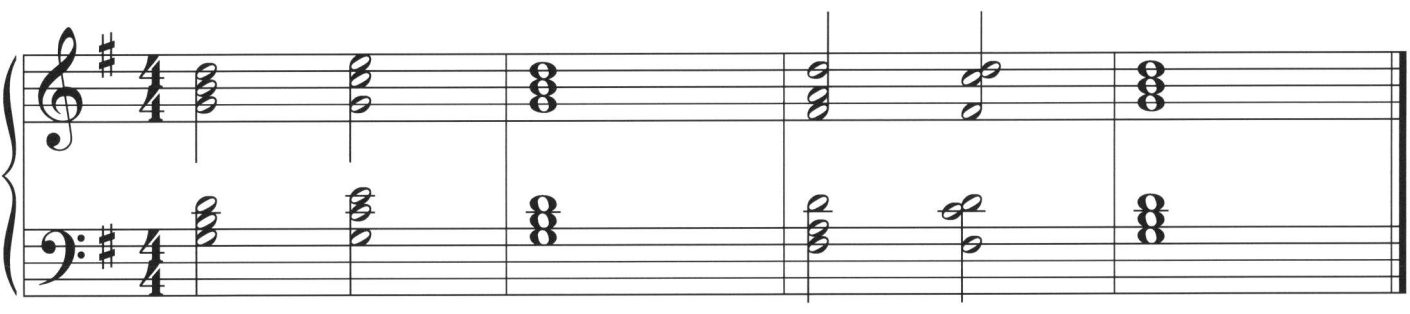

PROGRESIONES ARMÓNICAS
Sol mayor

UNIDAD 3

Toca

- Toca con manos separadas mientras dices los grados de cada acorde.
- Cuando hayas aprendido bien cada mano por separado, toca las manos juntas añadiendo el pedal.

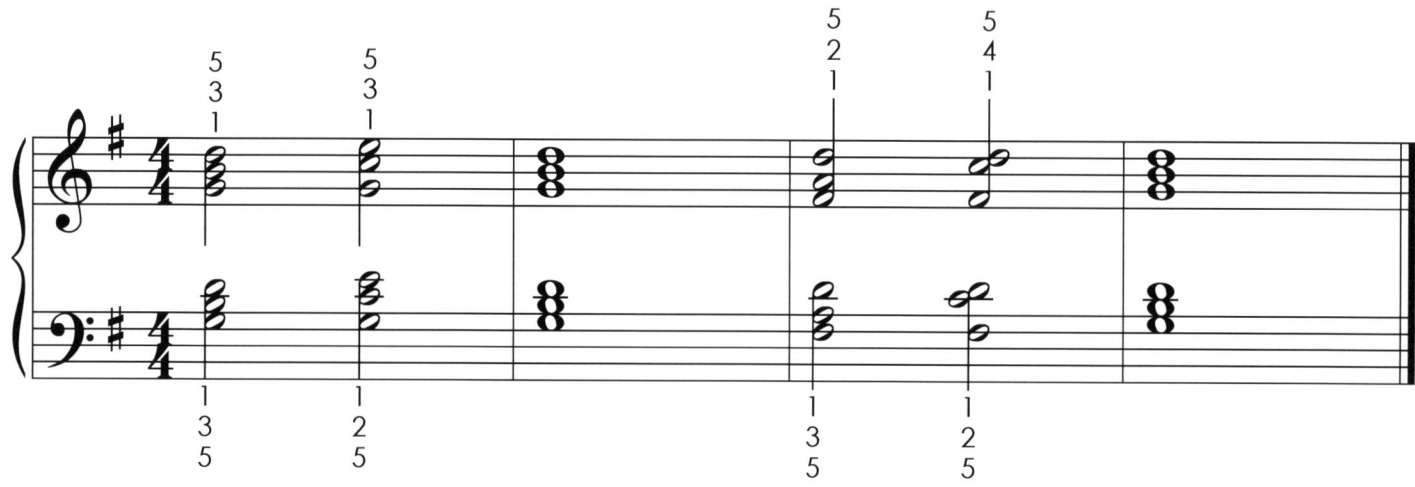

¿HAS CONSEGUIDO?

Que las notas suenen simultáneamente.

Relajar las muñecas.

El arco de la mano estable.

Progresión armónica	M.D.	M.I.	M.J.	M.J. con pedal
Asignado				
Conseguido				

ACOMPAÑAMIENTO STRIDE
Sol mayor

UNIDAD 3

> El **acompañamiento *stride*** es un patrón de acompañamiento similar a una marcha.
>
> Practica el acompañamiento *stride* en los ejercicios de abajo con estas dos articulaciones: *legato* y *non legato*.

Ejercicio 1

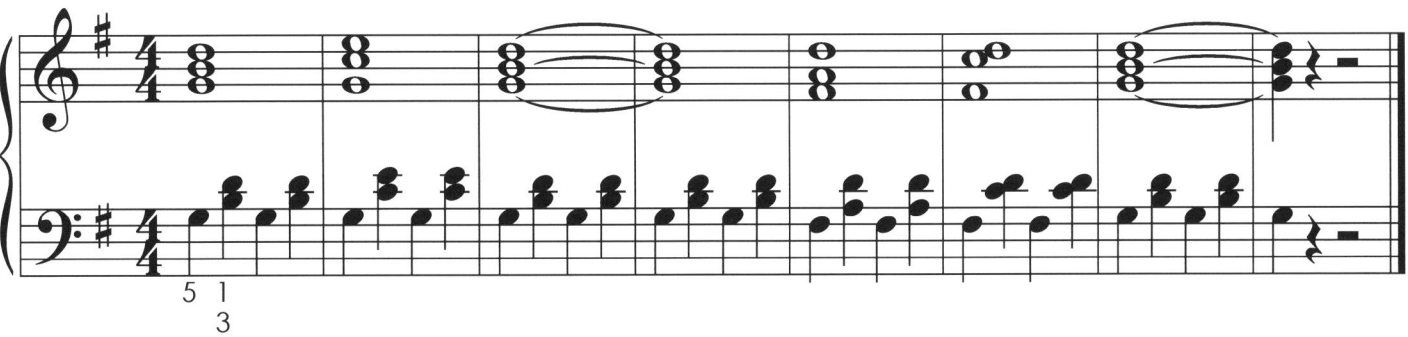

Ejercicio 2

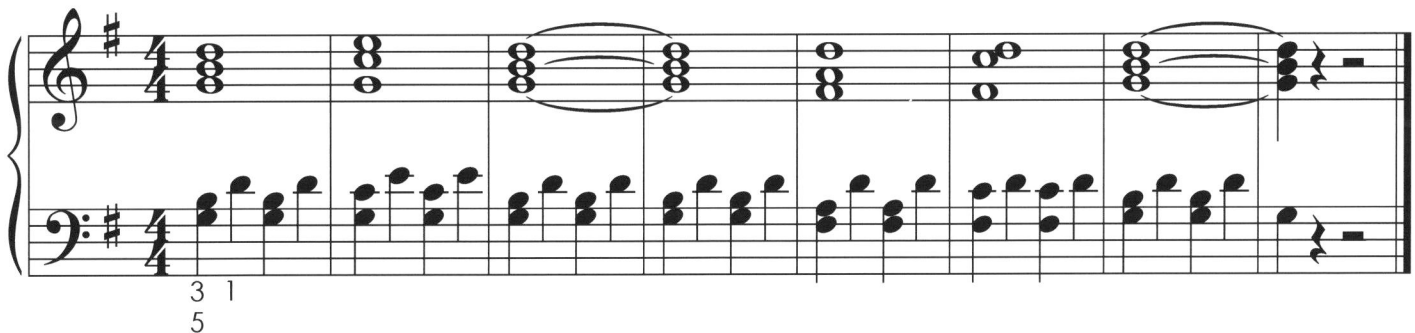

Acomp. stride	Ejercicio 1 non legato	Ejercicio 1 legato	Ejercicio 2 non legato	Ejercicio 2 legato	Transportar Do mayor	Transportar La menor
Asignado						
Conseguido						

LA LIEBRE Y LA TORTUGA
Cuatro contra uno

Elige una pentaescala

4 contra 1	Do mayor	La menor	Sol mayor		
Asignado					
Conseguido					

LA LIEBRE Y LA TORTUGA
Cuatro contra dos

UNIDAD 3

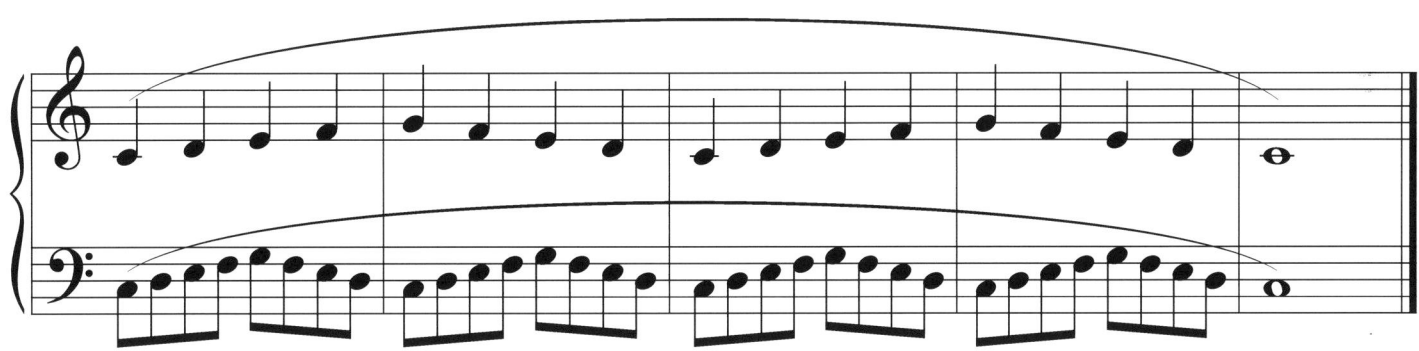

¿HAS CONSEGUIDO?

Pequeños rebotes de brazo en las blancas.

Dedos firmes y claros en las corcheas.

Un pulso estable.

Elige una pentaescala

4 contra 2	Do mayor	La menor	Sol mayor		
Asignado					
Conseguido					

41

AVANZANDO CASILLAS
Revisión

UNIDAD 3

Sigue el camino para repasar algunos de los patrones técnicos que has aprendido. Tu profesor marcará las casillas que debes practicar. Colorea la casilla cuando domines el patrón.

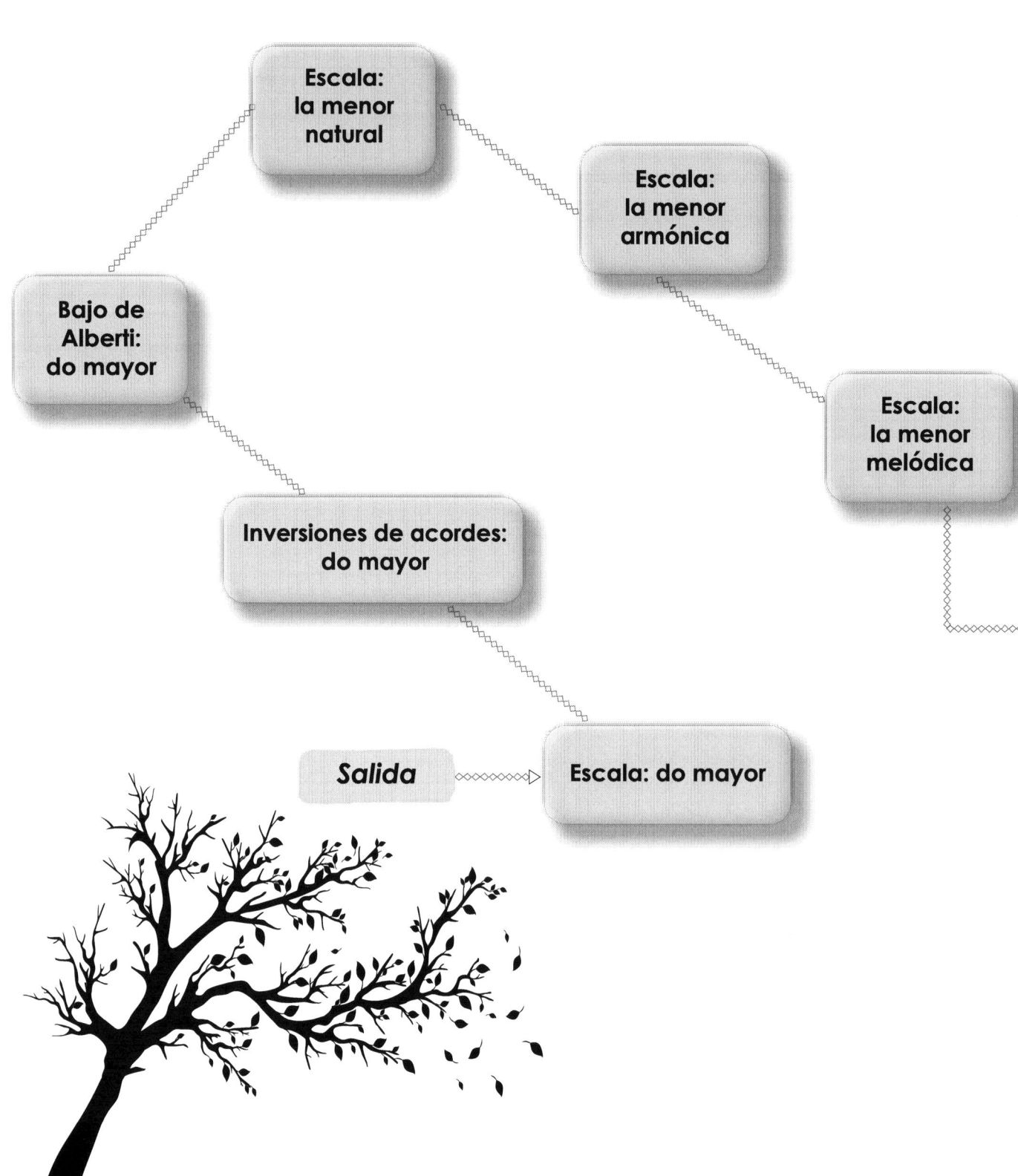

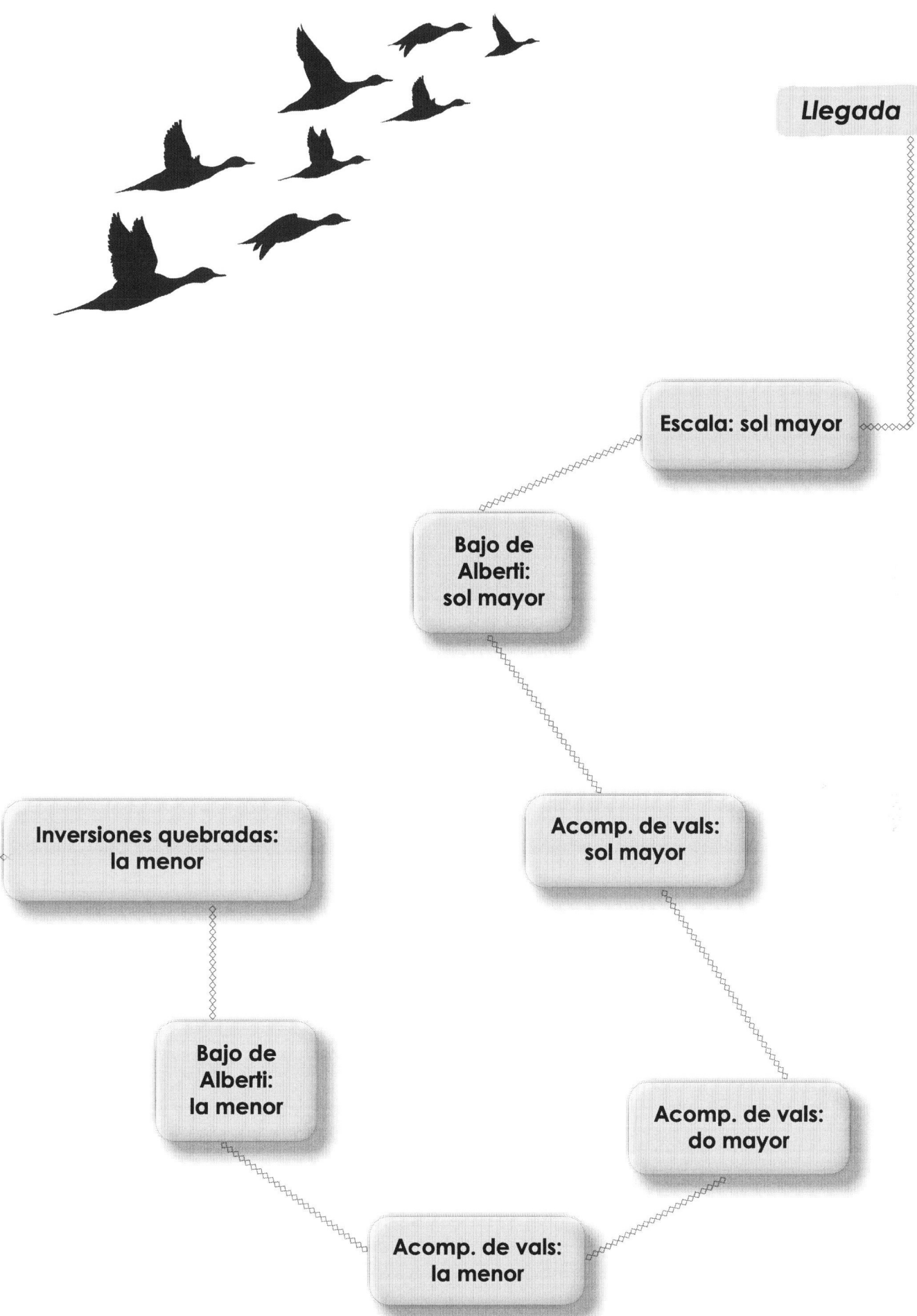

LA ESCALA DE MI MENOR
Mano izquierda

UNIDAD 4

La escala de *mi* menor es relativa a *sol* mayor porque comparten la misma armadura. Las escalas mayores y menores relativas están separadas por una 3ª menor. *Do* mayor y *la* menor son relativas porque ninguna tiene sostenidos ni bemoles en la armadura. *Sol* mayor y *mi* menor son relativas porque ambas tienen un sostenido en la armadura.

Escribe los nombres de las teclas negras de cada escala en las líneas correspondientes.

Mi menor natural _____

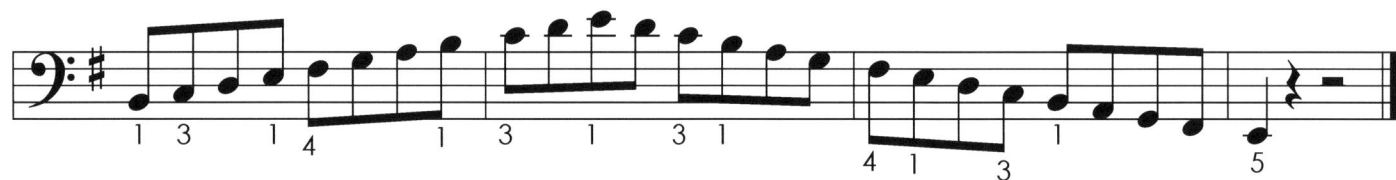

Mi menor armónica _____ _____

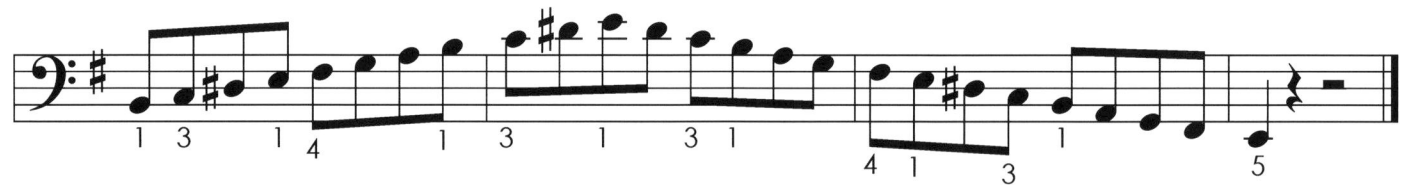

Mi menor melódica   Ascendente _____ _____ _____   Descendente _____

LA ESCALA DE MI MENOR
Mano derecha

Mi menor natural _____

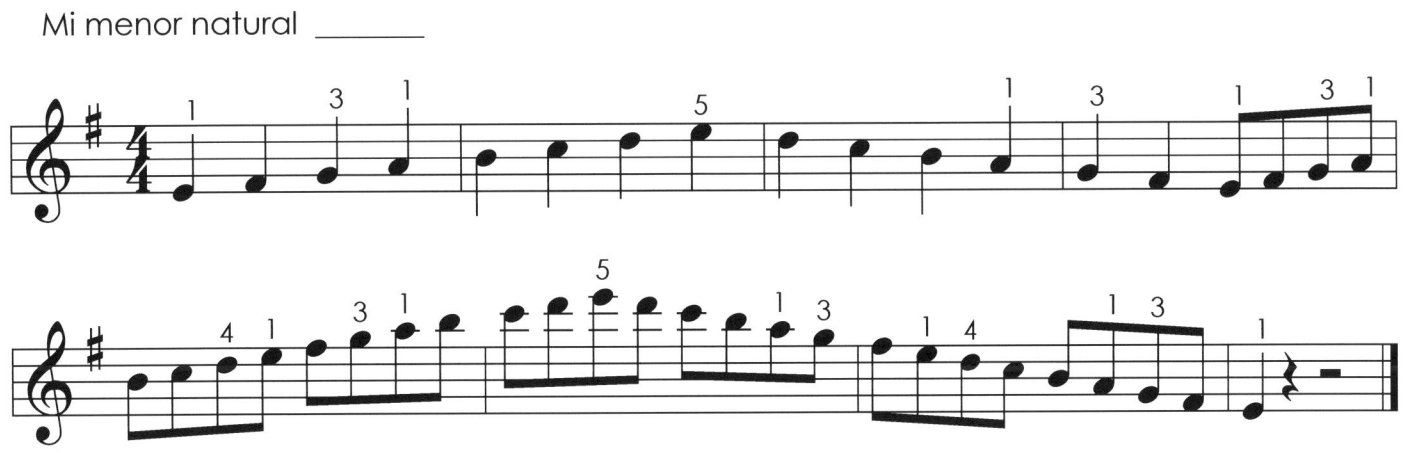

Mi menor armónica _____ _____

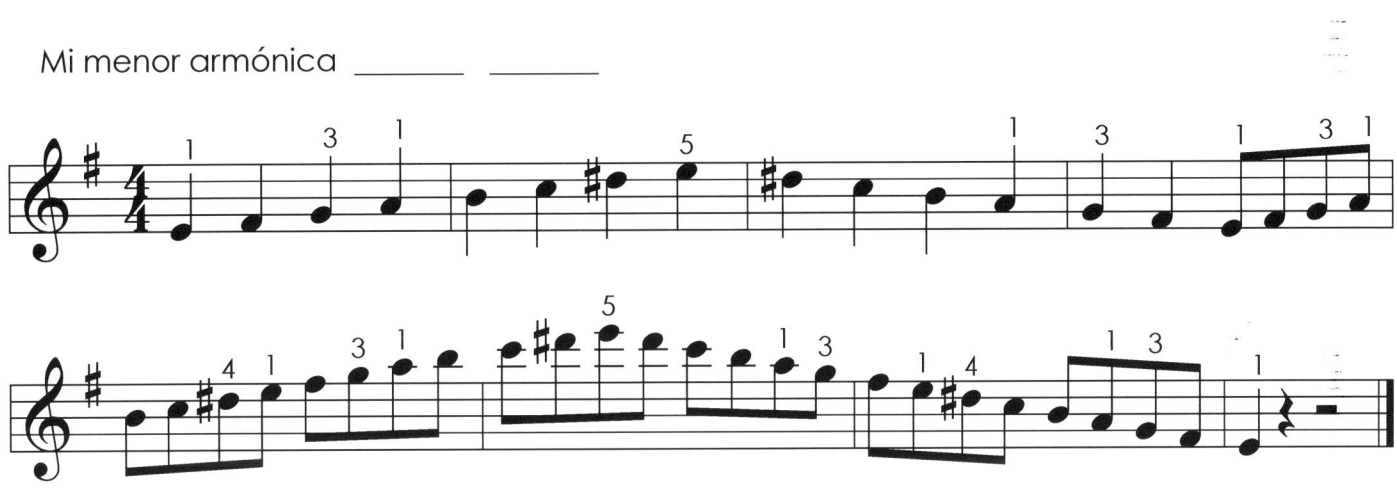

Mi menor melódica   Ascendente _____ _____ _____   Descendente _____

LA ESCALA DE MI MENOR
Mano izquierda

1. Toca cada tipo de la escala de *mi* menor con la M.I. Tu profesor escribirá las indicaciones de metrónomo.

2. Colorea cinco partes del dibujo correspondiente cuando completes cinco repeticiones.

Mano izquierda   1 oct. ♩   2 octs ♫

Menor natural

Menor armónica

Menor melódica

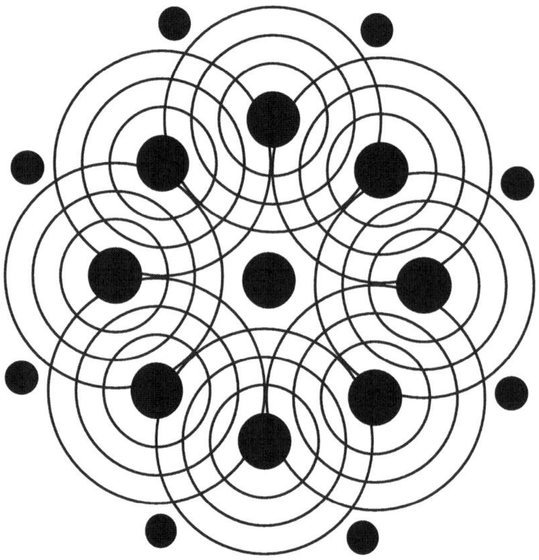

Escribe

- ¿Qué sostenido tiene la escala de *mi* menor? _____
- Escribe la armadura en el pentagrama.

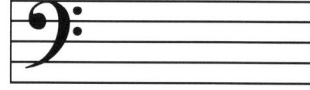

LA ESCALA DE MI MENOR
Mano derecha

1. Toca cada tipo de la escala de *mi* menor con la M.D. Tu profesor escribirá las indicaciones de metrónomo.

2. Colorea cinco partes del dibujo correspondiente cuando completes cinco repeticiones.

Mano derecha   1 oct.   ♩   2 octs.

Menor natural

Menor armónica

Menor melódica

Escribe

- ¿Qué sostenido tiene la escala de *mi* menor? _____
- Escribe la armadura en el pentagrama.

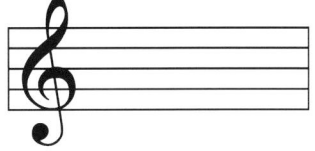

INVERSIONES DE ACORDES
Mi menor

Toca — Toca las inversiones con acordes y en forma quebrada con cada mano. Repite cada línea tres veces. Las digitaciones son las mismas que en las anteriores tonalidades que has aprendido.

Mano derecha

Mano izquierda

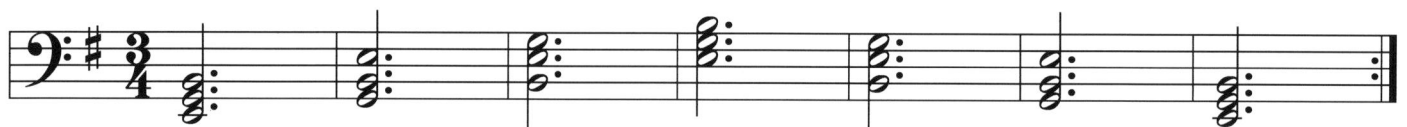

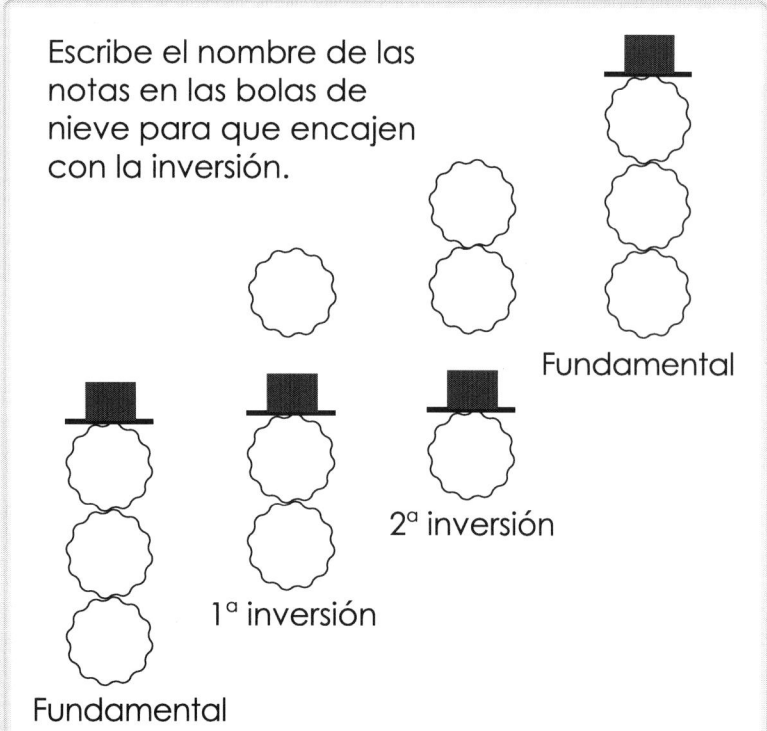

Escribe el nombre de las notas en las bolas de nieve para que encajen con la inversión.

Fundamental

2ª inversión

1ª inversión

Fundamental

Inversiones de acordes	M.D.	M.I.
Asignado		
Conseguido		

LOS ACORDES TONALES
Mi menor

UNIDAD 4

Puedes formar una triada sobre cada nota de la escala de *mi* menor para obtener los acordes básicos de esta tonalidad. A continuación se muestran los acordes tonales de *mi* menor, construidos sobre los grados I, IV, y V de la escala.

Analiza

- En la siguiente progresión armónica, rodea con un círculo los acordes que están invertidos.

- Toca cada acorde que has rodeado. Con la ayuda de tu profesor, inviértelo hasta que encuentres el mismo acorde en estado fundamental.

- Cuando hayas encontrado los acordes en estado fundamental, escribe debajo su nombre y su grado con números romanos.

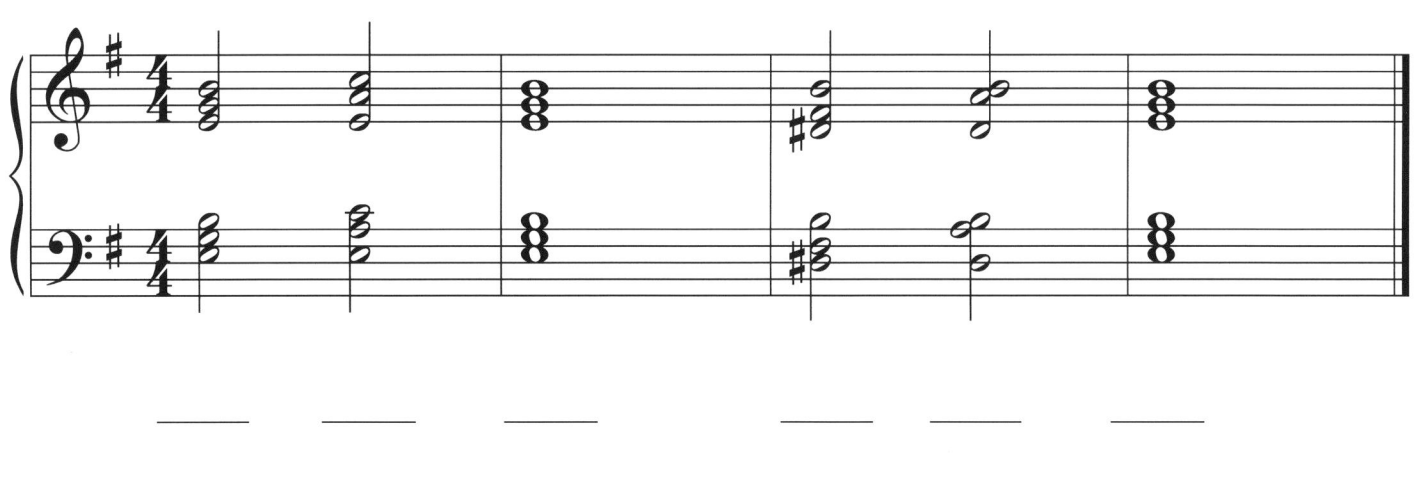

PROGRESIONES ARMÓNICAS
Mi menor

UNIDAD 4

Toca

- Toca con manos separadas mientras dices los grados de cada acorde.
- Cuando hayas aprendido bien cada mano por separado, toca las manos juntas añadiendo el pedal.

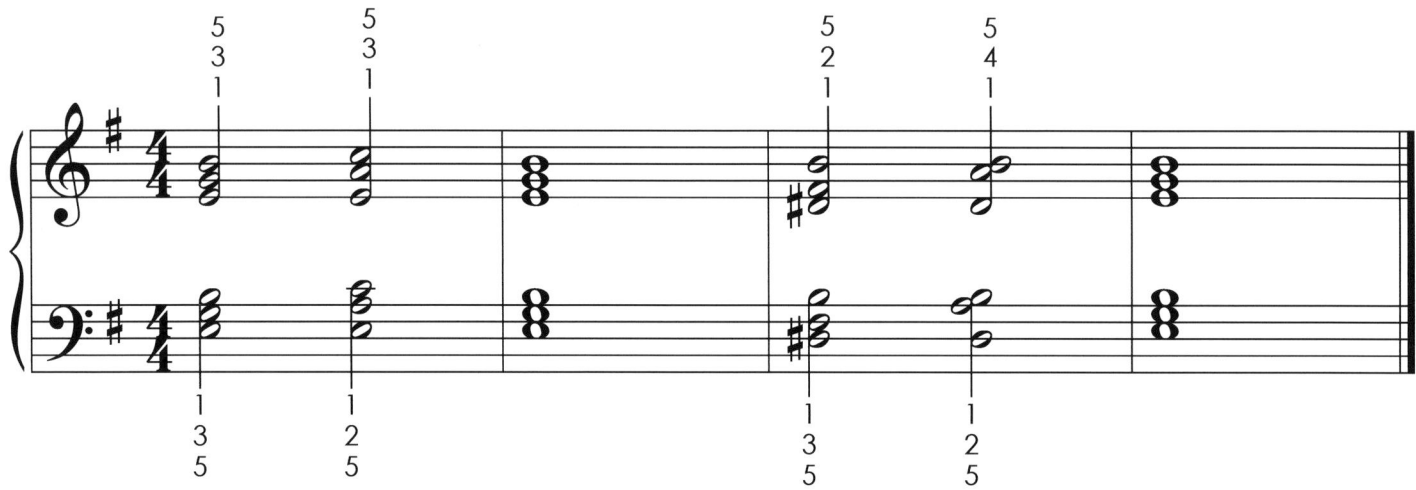

¿HAS CONSEGUIDO?

Que las notas suenen simultáneamente.

Relajar las muñecas.

La forma de la mano redondeada.

Progresión armónica	M.D.	M.I.	M.J.	M.J. con pedal
Asignado				
Conseguido				

ARPEGIOS DE UNA OCTAVA

UNIDAD 4

Un **arpegio** es un acorde quebrado que se repite en una o más octavas. El primer paso para tocar arpegios con soltura es practicar con una articulación *non legato* antes de tocar *legato*. Esto ayudará a que el brazo y los dedos se alineen correctamente detrás de cada nota.

Toca

- Toca el **arpegio** *non legato* con un movimiento del antebrazo en cada nota. Presta atención a que el sonido sea firme y claro.

- Toca el arpegio en *legato* con un movimiento circular. La mano debe cambiar de dirección sobre el dedo 5. Esto producirá un movimiento antihorario en la M.D. y un movimiento horario en la M.I.

Mano derecha

Mano izquierda

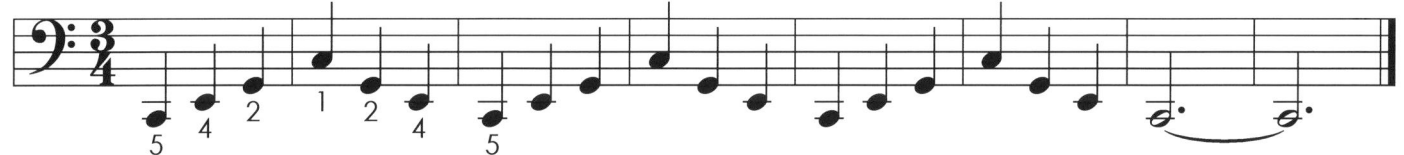

Arpegio	Do mayor	La menor	Sol mayor	Mi menor
Asignado				
Conseguido				

Acompañamiento para el profesor. M.D. del alumno.   Acompañamiento para el profesor. M.I. del alumno.

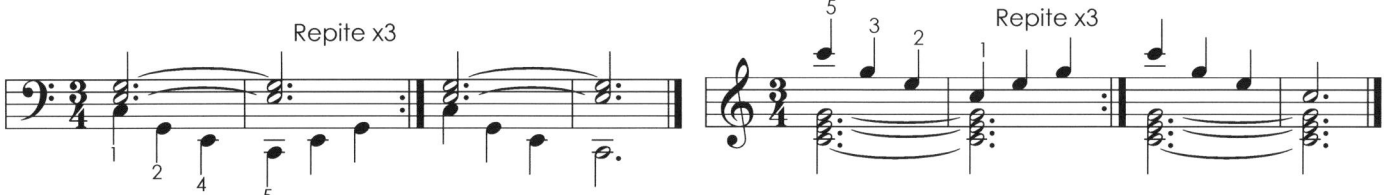

LA ESCALA CROMÁTICA
Mano izquierda

UNIDAD 4

> Una **escala cromática** se compone enteramente de semitonos. Toca con el pulgar en la esquina de la yema y colócalo cerca de las teclas negras. Tu profesor escribirá los números de los dedos que faltan*.

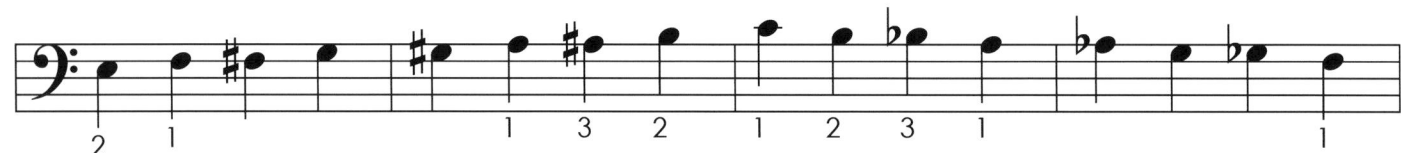

Mano izquierda 2 octs. ♩

Escribe un *tempo* para desafiarte a ti mismo.

100	120	132	144	160	

*Profesor. Escribe la digitación para la M.I. que prefieras:

Opción A: 1 3 1 3 2 1 **3 1 3** 1 3 2 1 3 1 3 2 1 **3 1 3** 1 3 2 1

Opción B: 1 3 1 3 2 1 **4 3 2** 1 3 2 1 3 1 3 2 1 **4 3 2** 1 3 2 1

LA ESCALA CROMÁTICA
Mano derecha

UNIDAD 4

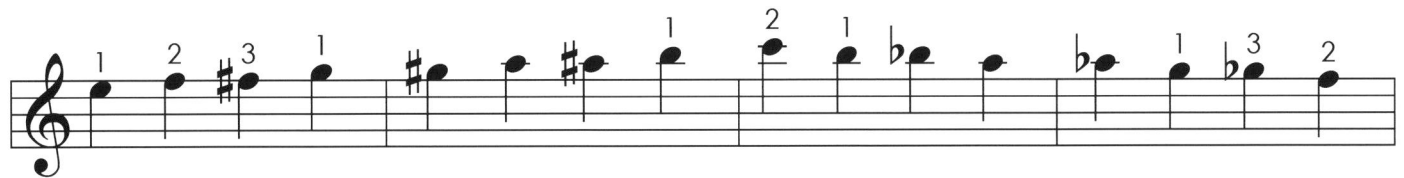

Mano derecha 2 octs. ♩   Escribe un *tempo* para desafiarte a ti mismo.

100	120	132	144	160	

*Profesor. Escribe la digitación para la M.D. que prefieras:

Opción A: 1 3 1 3 1 2 3 1 **3 1 3** 1 2 3 1 3 1 2 3 1 **3 1 3** 1 2

Opción B: 1 3 1 3 1 2 3 1 **2 3 4** 1 2 3 1 3 1 2 3 1 **2 3 4** 1 2

AVANZANDO CASILLAS
Revisión

UNIDAD 4

Sigue el camino para repasar algunos de los patrones técnicos que has aprendido. Tu profesor marcará las casillas que debes practicar. Colorea la casilla cuando domines el patrón.

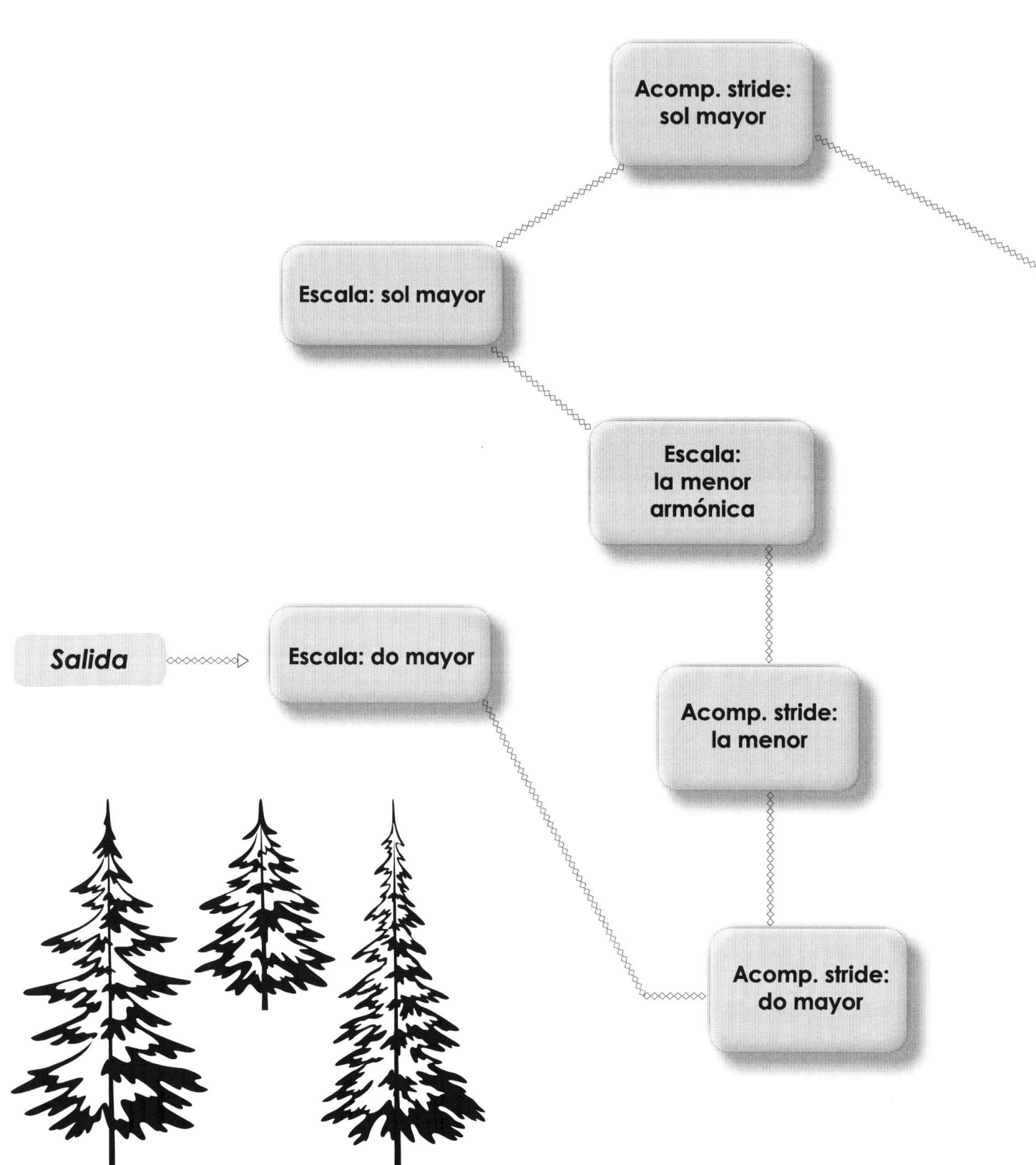

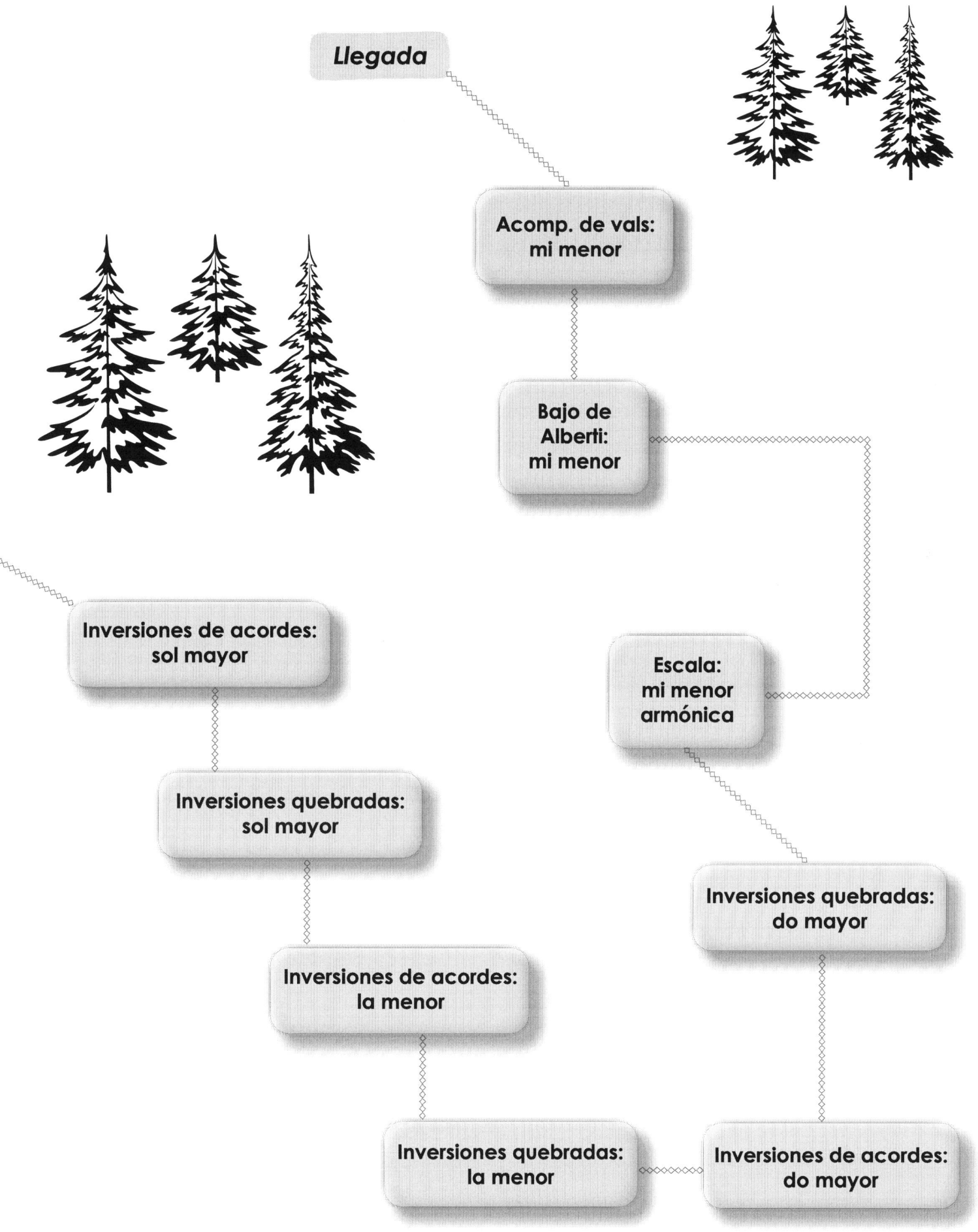

LA ESCALA DE FA MAYOR
Mano izquierda

UNIDAD 5

Toca

La M.I. de la escala de *fa* mayor se toca con la misma digitación que las anteriores escalas que has aprendido. Toca la escala en dos octavas utilizando negras.

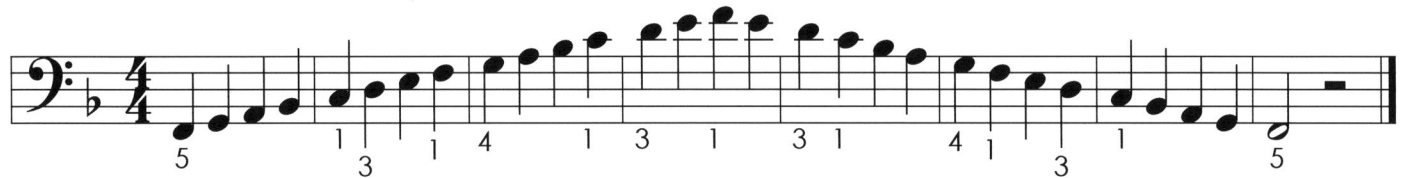

Toca la escala como está escrita debajo.

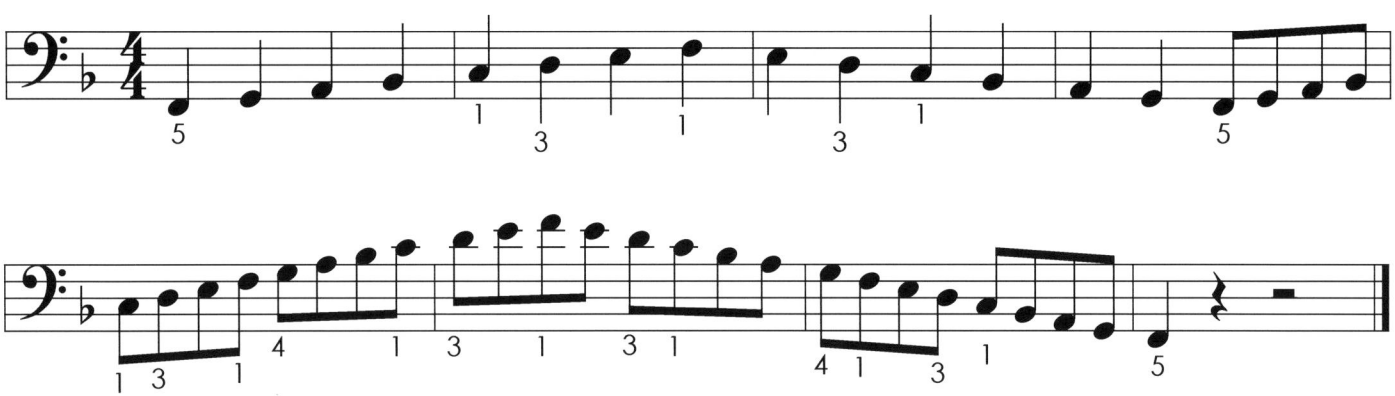

CONSEJO TÉCNICO

Es importante mantener la mano y el brazo alineados correctamente cuando toques una escala.

Antes de comenzar la escala con la M.I., comprueba tu alineación colocando el dedo 5 cerca de las teclas negras en una posición que facilite al dedo 2 llegar al *si*♭. El pulgar debe descansar suavemente en la esquina de la yema y cerca del borde de la tecla blanca. Observa cómo el antebrazo y el dedo 5 forman una línea recta.

Cuando toques con la M.D., ten cuidado de no torcer la mano para alcanzar el *si*♭. En su lugar, mueve la mano hacia el interior del teclado para tocar la tecla negra.

LA ESCALA DE FA MAYOR
Mano derecha

UNIDAD 5

La M.D. en la escala de *fa* mayor se toca con una digitación diferente a las escalas anteriores que has aprendido. En lugar de comenzar con un grupo de tres y seguir con un grupo de cuatro, los grupos se invierten. En la escala mostrada a continuación, observa cómo el grupo de cuatro dedos comienza primero, seguido del grupo de tres. Esto se debe a la ubicación del *si*♭. Se toca más fácilmente con el dedo 4 que con el dedo 1. Por cierto, ¡el dedo 5 no se utiliza!

Agrupa

Practicar los grupos de dedos de la escala ayuda a visualizar mejor el patrón de digitación.

- Para agrupar la escala en la M.D., toca el grupo de cuatro dedos a la vez seguido del grupo de tres. Repite el proceso subiendo dos octavas y finaliza con el dedo 4 por separado. Agrupa de nuevo los dedos al bajar la escala.

- Colorea los grupos de cuatro y de tres dedos de diferentes colores.

- Toca la escala en negras con un pequeño rebote de muñeca en cada nota.

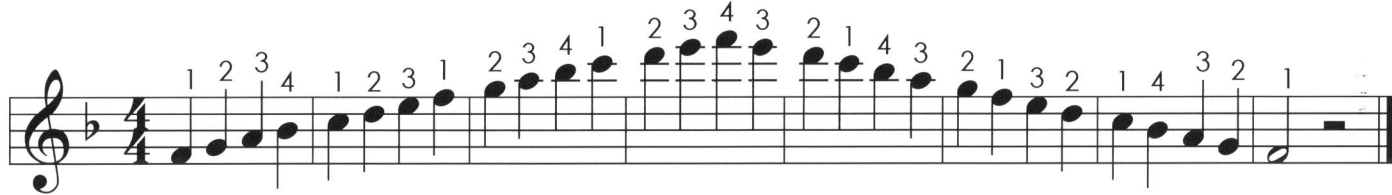

Toca la escala como está escrita debajo.

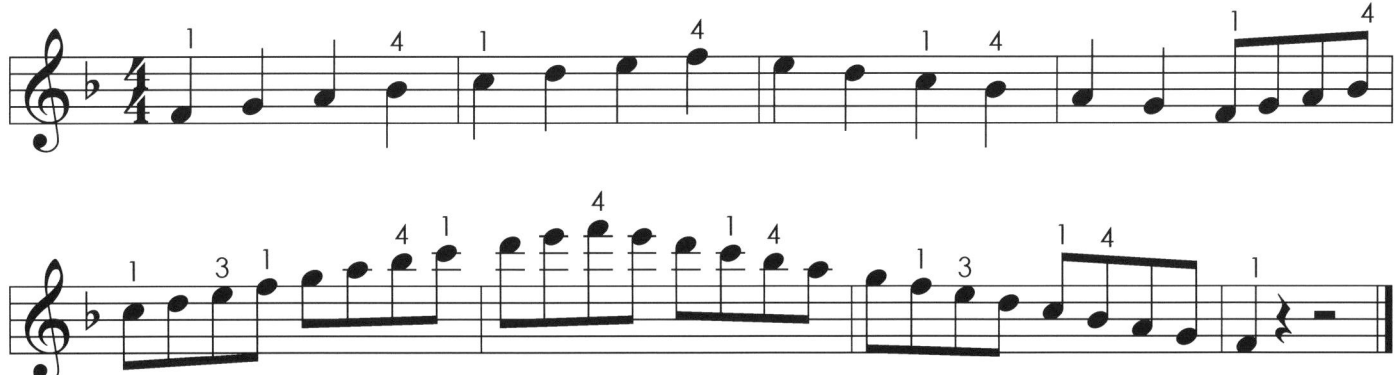

LA ESCALA DE FA MAYOR
Mano izquierda

1. Toca la escala de *fa* mayor con la M.I. Tu profesor escribirá las indicaciones de metrónomo.

2. Colorea cinco partes de la mariposa cuando completes cinco repeticiones.

Mano izquierda   1 oct. ♩   2 octs. ♫

Escribe

- ¿Qué bemol tiene la escala de *fa* mayor? _____
- Escribe la armadura en el pentagrama.

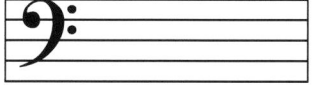

LA ESCALA DE FA MAYOR
Mano derecha

1. Toca la escala de *fa* mayor con la M.D. Tu profesor escribirá las indicaciones de metrónomo.

2. Colorea cinco partes del león cuando completes cinco repeticiones.

Mano derecha 1 oct. ♩   2 octs.

Escribe

- ¿Qué bemol tiene la escala de *fa* mayor? _____
- Escribe la armadura en el pentagrama.

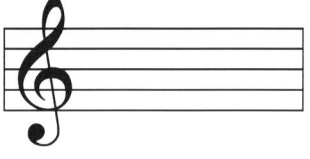

INVERSIONES DE ACORDES
Fa mayor

Toca — Toca las inversiones con acordes y en forma quebrada con cada mano. Repite cada línea tres veces. Las digitaciones son las mismas que en las anteriores tonalidades que has aprendido.

Mano derecha

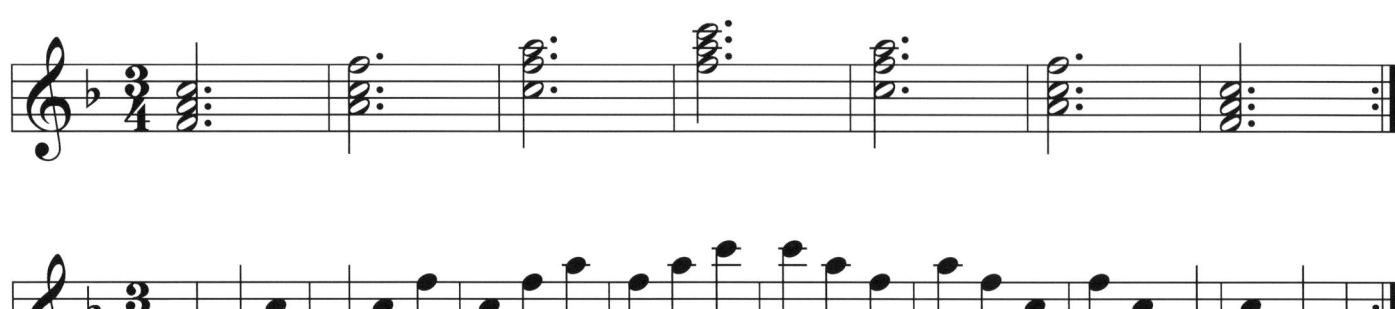

Mano izquierda

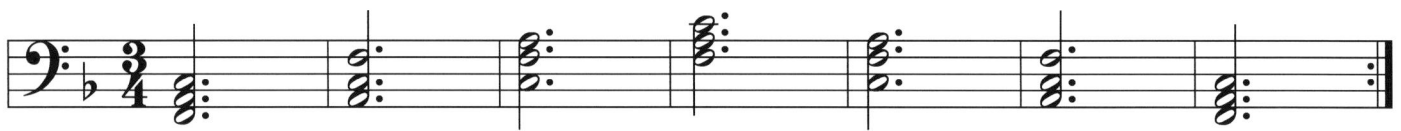

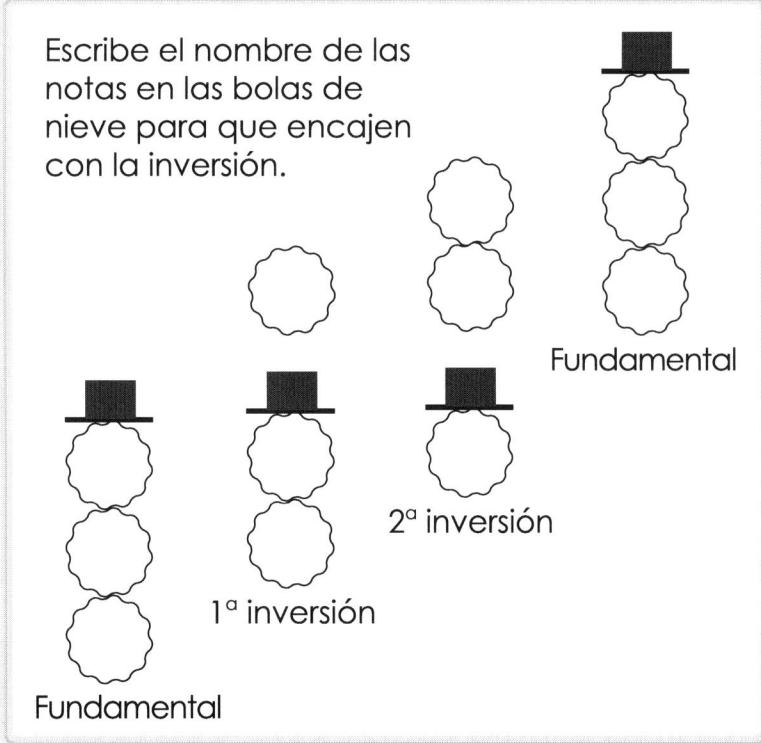

Escribe el nombre de las notas en las bolas de nieve para que encajen con la inversión.

Fundamental
2ª inversión
1ª inversión
Fundamental

Inversiones de acordes	M.D.	M.I.
Asignado		
Conseguido		

LOS ACORDES TONALES
Fa mayor

UNIDAD 5

> Puedes formar una triada sobre cada nota de la escala de *fa* mayor para obtener los acordes básicos de esta tonalidad. A continuación se muestran los acordes tonales de *fa* mayor, construidos sobre los grados I, IV, y V de la escala.

| Fa M | Si♭ M | Do M | Do^7 |
| I | IV | V | V^7 |

Analiza

- En la siguiente progresión armónica, rodea con un círculo los acordes que están invertidos.

- Toca cada acorde que has rodeado. Con la ayuda de tu profesor, inviértelo hasta que encuentres el mismo acorde en estado fundamental.

- Cuando hayas encontrado los acordes en estado fundamental, escribe debajo su nombre y su grado con números romanos.

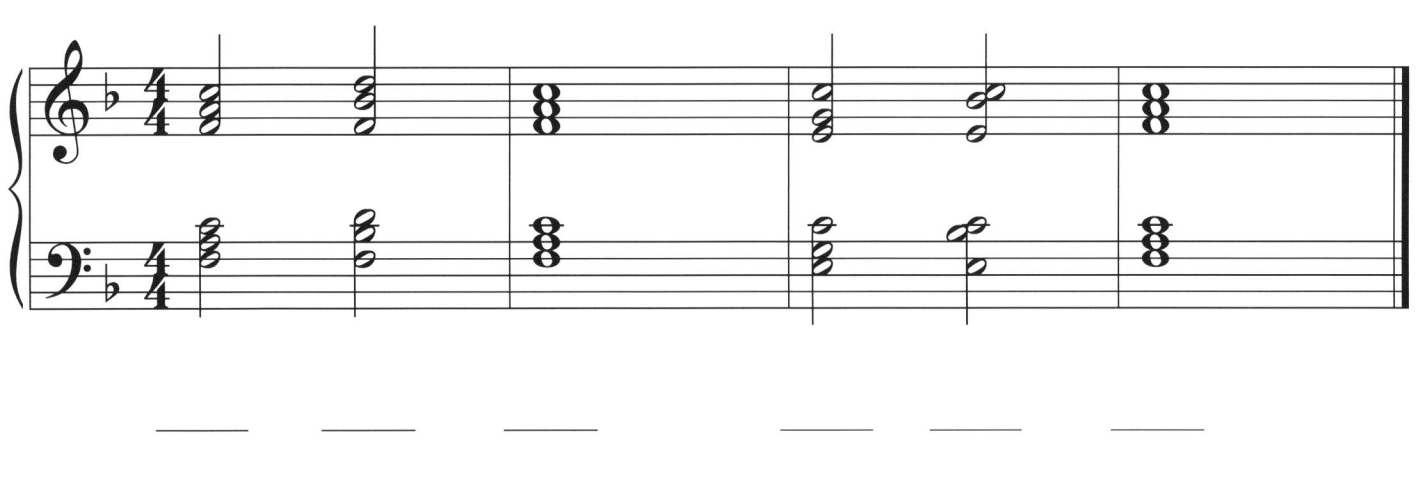

PROGRESIONES ARMÓNICAS
Fa mayor

UNIDAD 5

Toca

- Toca con manos separadas mientras dices los grados de cada acorde.
- Cuando hayas aprendido bien cada mano por separado, toca las manos juntas añadiendo el pedal.

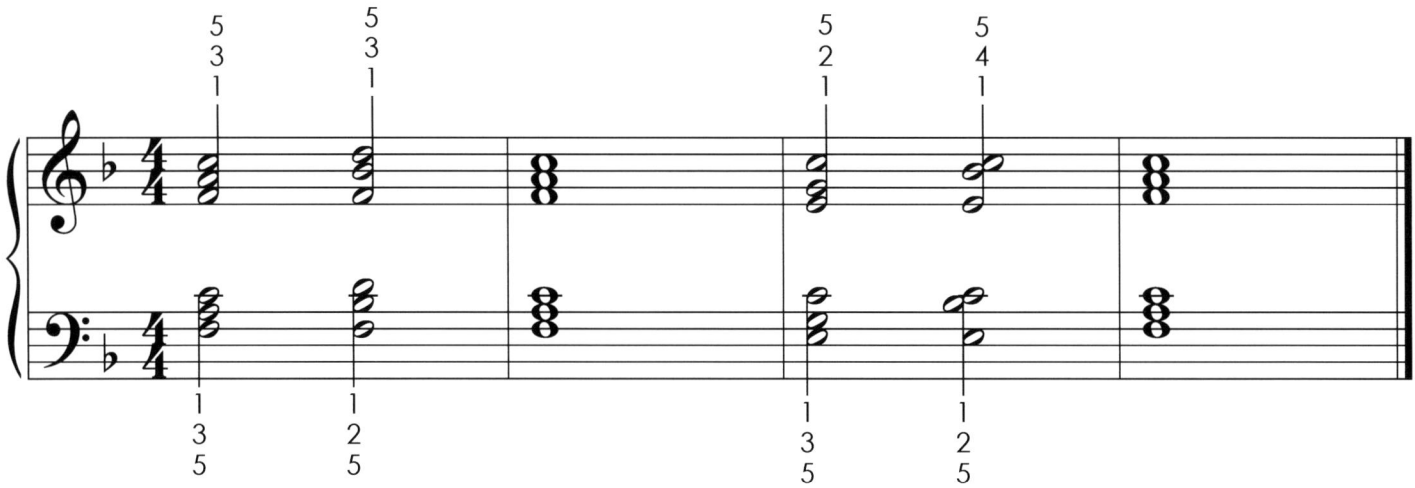

¿HAS CONSEGUIDO?

Que las notas suenen simultáneamente.

Las muñecas relajadas.

La forma de la mano redondeada.

Progresión armónica	M.D.	M.I.	M.J.	M.J. con pedal
Asignado				
Conseguido				

ACOMPAÑAMIENTO CON ACORDES QUEBRADOS

UNIDAD 5

> Cuando toques el acompañamiento con acordes quebrados, toca *legato* usando un movimiento circular.
>
> Empieza el círculo con un gesto hacia arriba desde el dedo 5 para hacer un movimiento en el sentido de las agujas del reloj. Esto te ayudará a tocar con mayor facilidad y uniformidad.

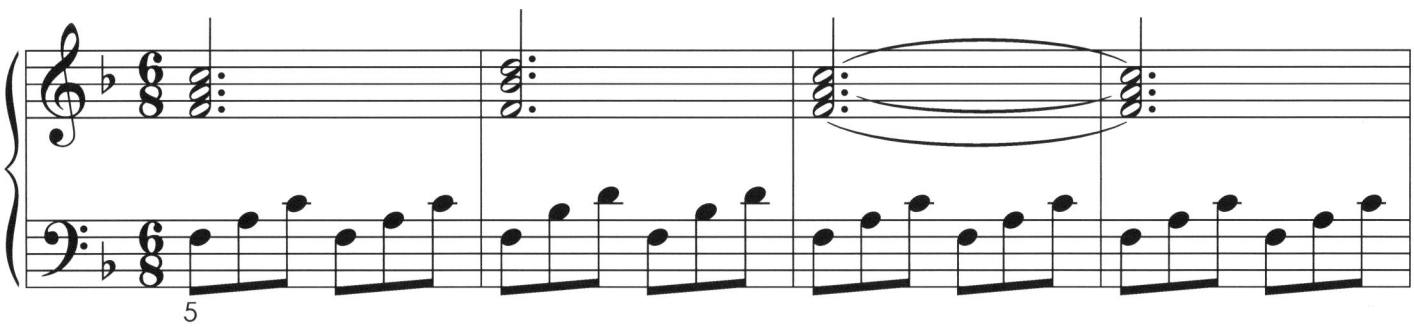

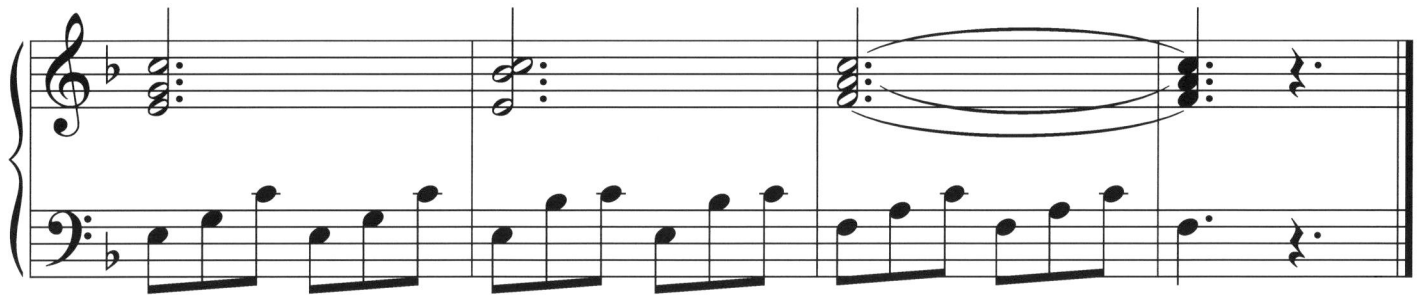

¿HAS CONSEGUIDO?

Una buena posición del dedo 5.

El movimiento circular de la M.I.

Un sonido *legato* uniforme.

Acordes quebrados	M.I. Fa mayor	M.J. Fa Mayor	Transportar Do mayor	Transportar La menor	Transportar Sol mayor	Transportar Mi menor
Asignado						
Conseguido						

EJERCICIO Nº 1 DE HANON

UNIDAD 5

Toca

- Toca este ejercicio despacio y *legato* con un pequeño rebote de muñeca en cada nota.

- A continuación, toca a un *tempo* medio, prestando atención a que la velocidad sea uniforme y coincidan las dos manos.

Charles-Louis Hanon (1819-1900), acomp. por C. Fisher

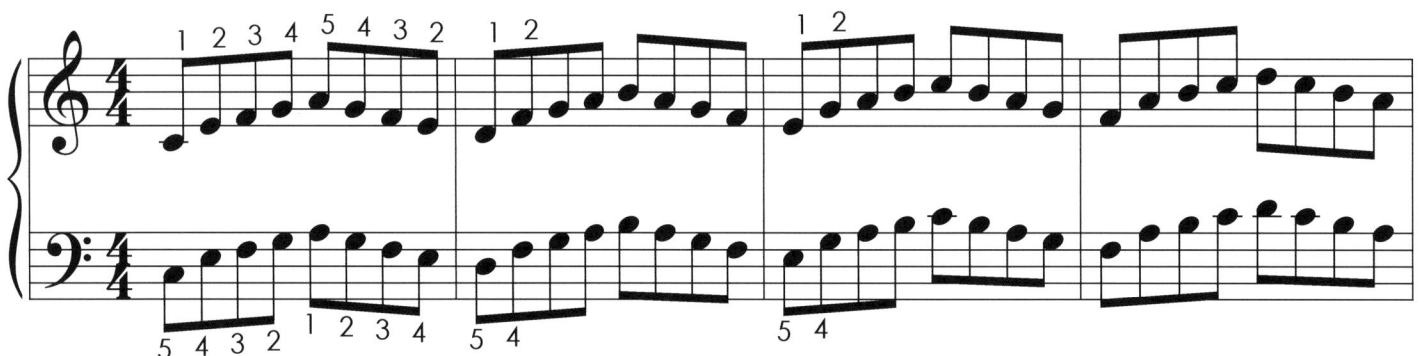

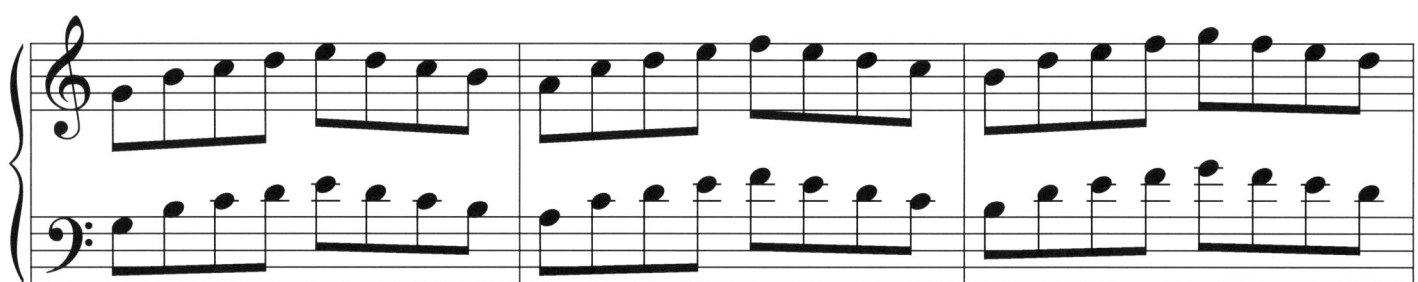

Acompañamiento para el profesor. El alumno toca una octava más alta de lo escrito.

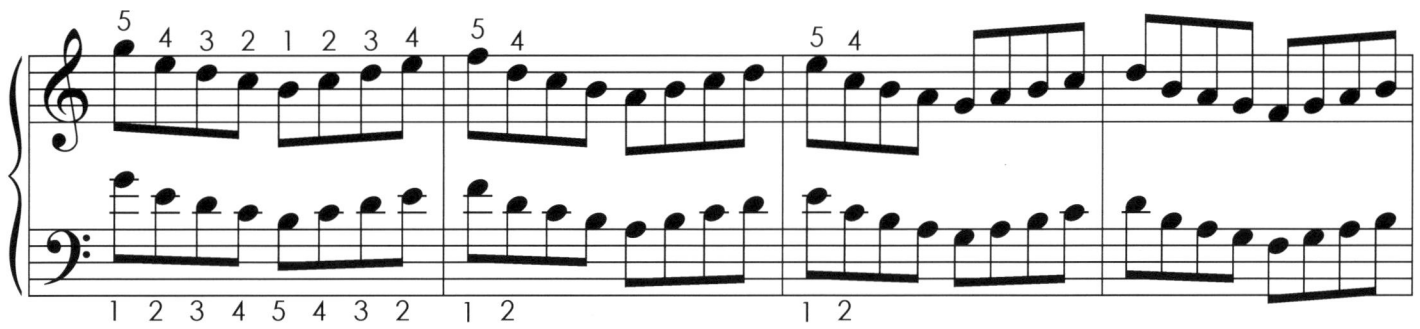

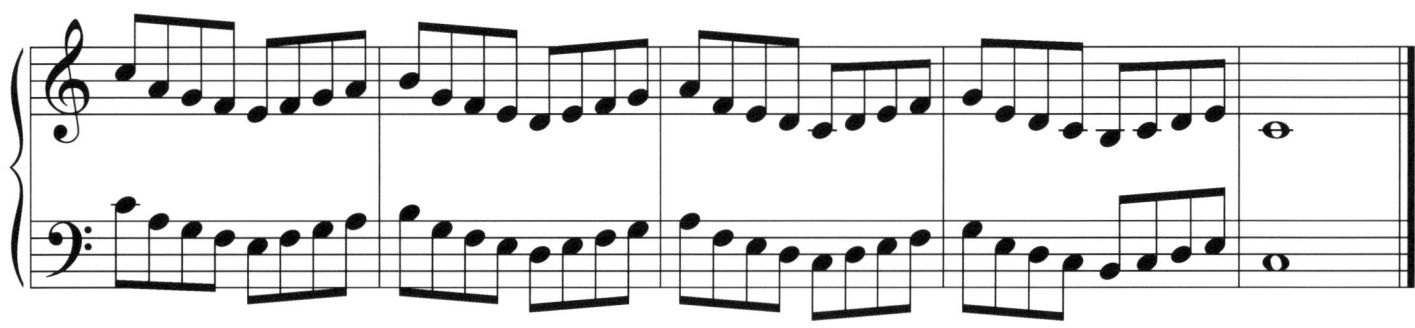

SOBRE EL COMPOSITOR

Charles-Louis Hanon (1819-1900) fue un pianista y profesor de piano francés. Se formó como organista y se involucró en la música de la Iglesia Católica Romana. Uno de los colegios religiosos cercanos a su casa ofrecía formación musical gratuita a sus alumnos. Puede que Hanon escribiera para este colegio su famosa obra: *"El pianista virtuoso en 60 ejercicios"*. El ejercicio de esta página es el primero de esta colección. Este conjunto de estudios ha sido utilizado por miles de pianistas durante el último siglo para desarrollar la técnica de los dedos.

AVANZANDO CASILLAS
Revisión

UNIDAD 5

Sigue el camino para repasar algunos de los patrones técnicos que has aprendido. Tu profesor marcará las casillas que debes practicar. Colorea la casilla cuando domines el patrón.

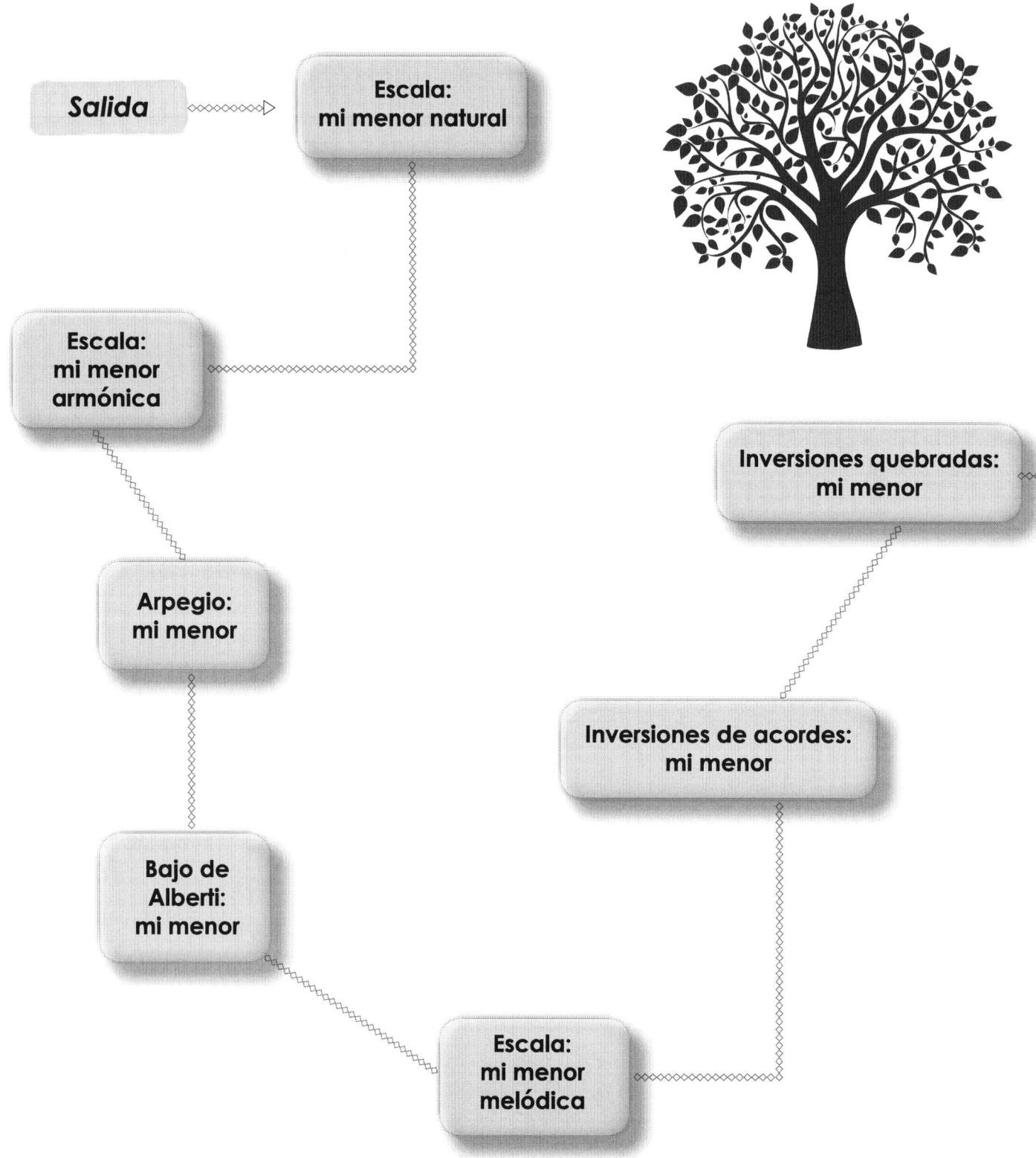

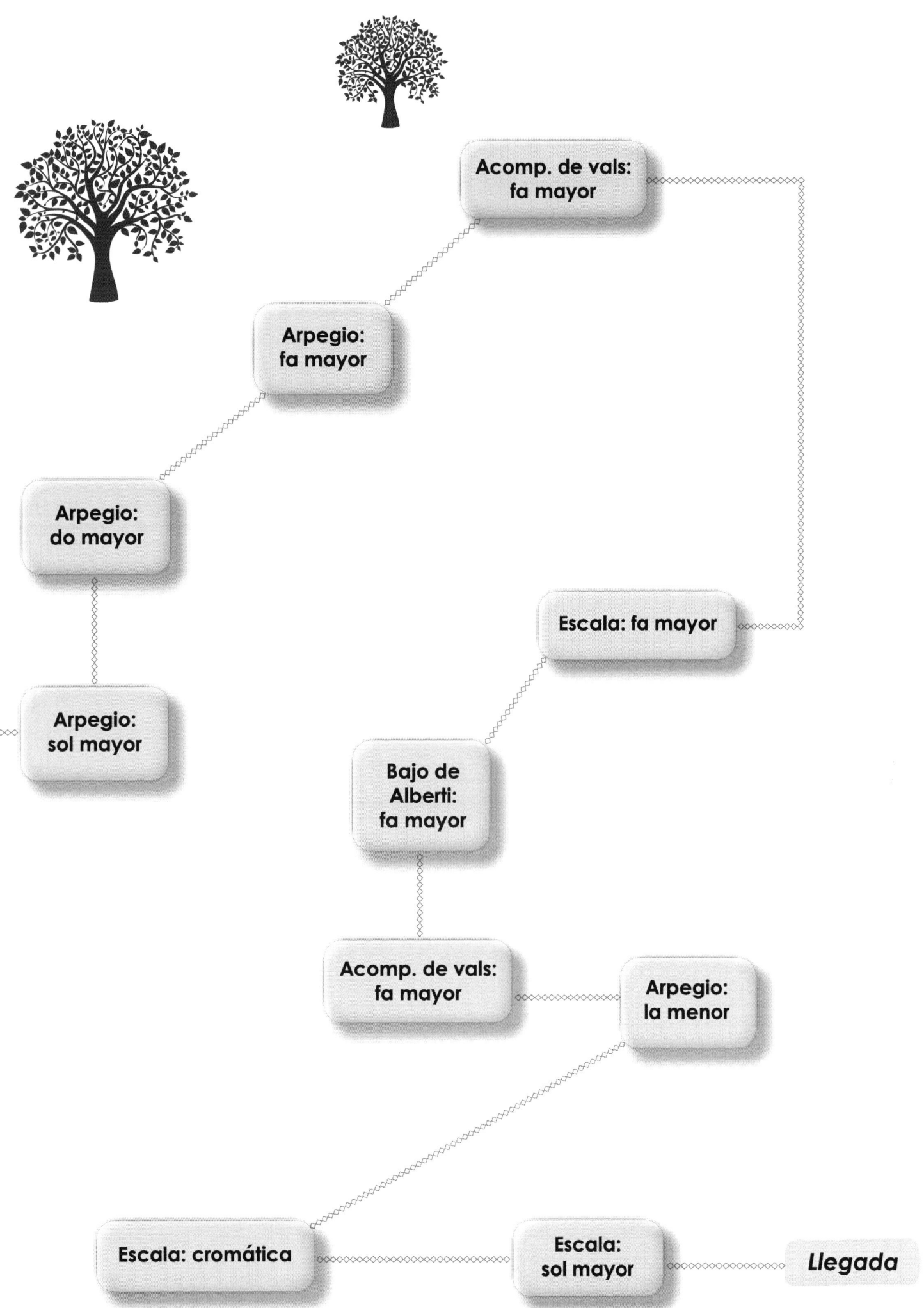

LA ESCALA DE RE MENOR
Mano izquierda

UNIDAD 6

> La tonalidad de *re* menor es relativa a *fa* mayor porque tienen la misma armadura.
>
> Si hay un bemol en la armadura, significa que la pieza está en *fa* mayor o *re* menor.

Escribe los nombres de las teclas negras de cada escala en las líneas correspondientes.

Re menor natural _____

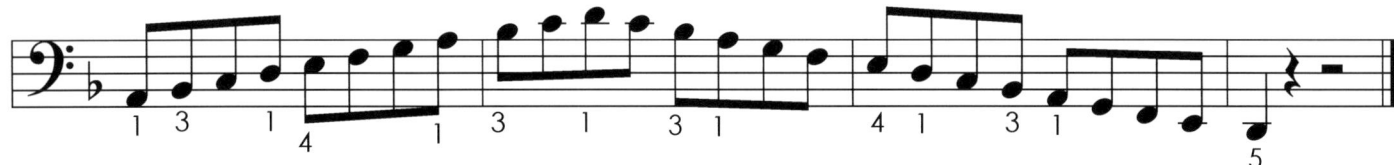

Re menor armónica _____ _____

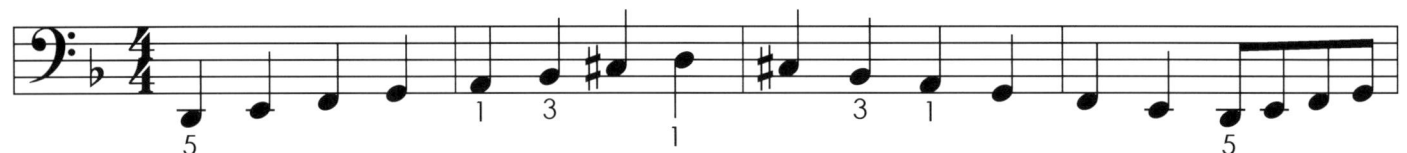

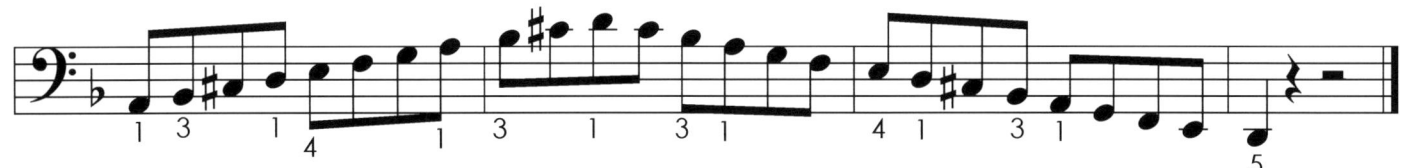

Re menor melódica   Ascendente _____   Descendente _____

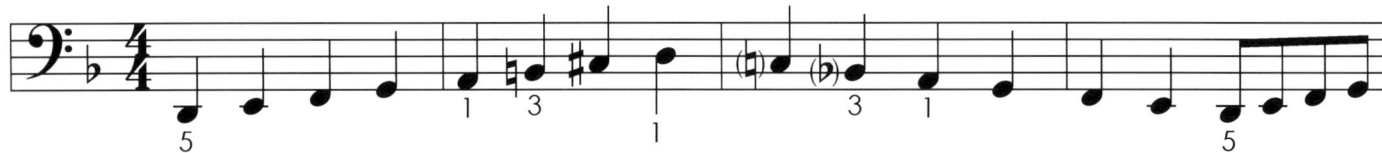

LA ESCALA DE RE MENOR
Mano derecha

UNIDAD 6

Re menor natural _____

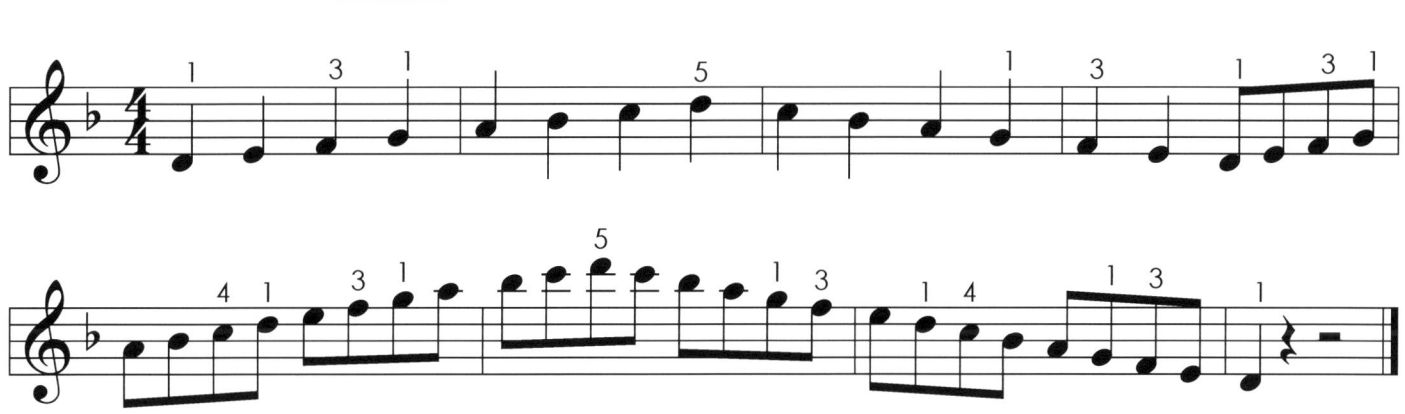

Re menor armónica _____ _____

Re menor melódica   Ascendente _____   Descendente _____

LA ESCALA DE RE MENOR
Mano izquierda

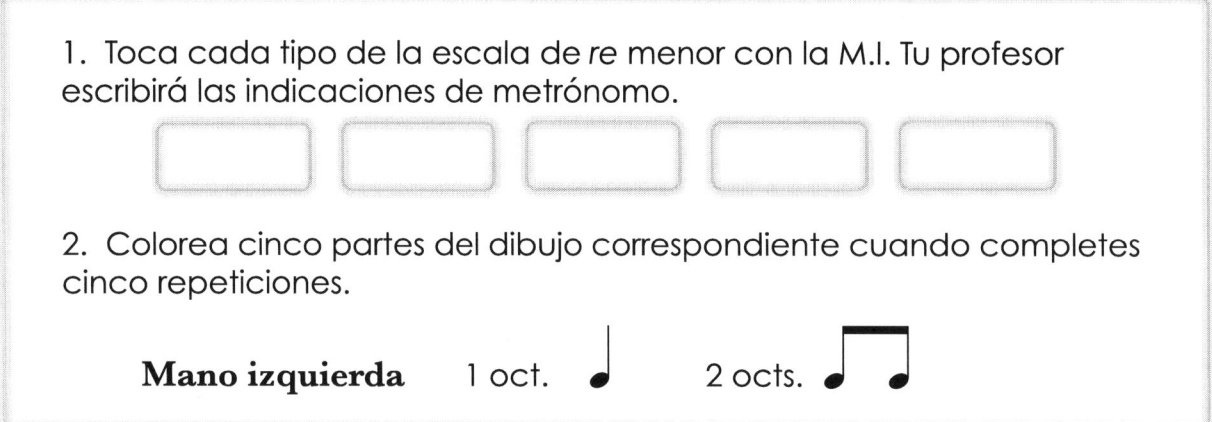

1. Toca cada tipo de la escala de *re* menor con la M.I. Tu profesor escribirá las indicaciones de metrónomo.

2. Colorea cinco partes del dibujo correspondiente cuando completes cinco repeticiones.

Mano izquierda   1 oct. ♩   2 octs. ♫

Menor natural

Menor armónica

Menor melódica

Escribe

- ¿Qué bemol tiene la escala de *re* menor? _____
- Escribe la armadura en el pentagrama.

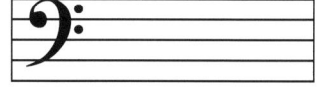

LA ESCALA DE RE MENOR
Mano derecha

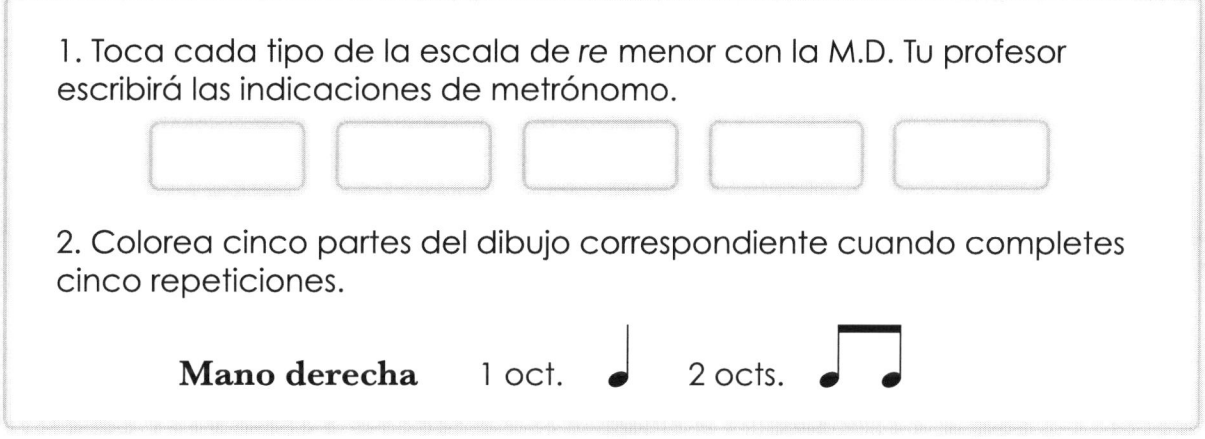

1. Toca cada tipo de la escala de re menor con la M.D. Tu profesor escribirá las indicaciones de metrónomo.

2. Colorea cinco partes del dibujo correspondiente cuando completes cinco repeticiones.

Mano derecha   1 oct. ♩   2 octs. ♫

Menor natural

Menor armónica

Menor melódica

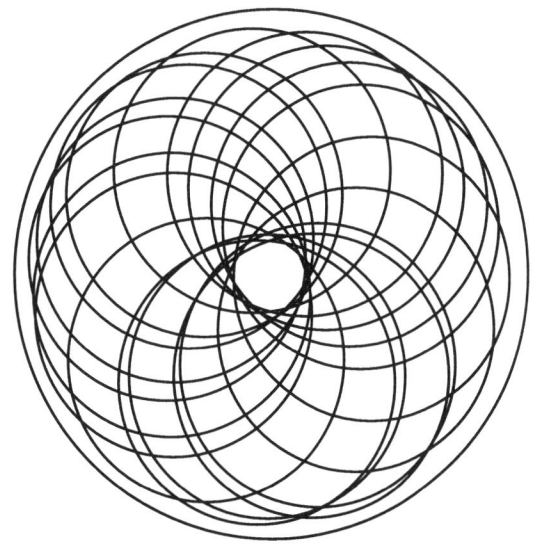

Escribe

- ¿Qué bemol tiene la escala de re menor? _____
- Escribe la armadura en el pentagrama.

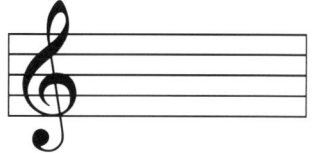

INVERSIONES DE ACORDES
Re menor

Toca — Toca las inversiones con acordes y en forma quebrada con cada mano. Repite cada línea tres veces. Las digitaciones son las mismas que en las anteriores tonalidades que has aprendido.

Mano derecha

Mano izquierda

Escribe el nombre de las notas en las bolas de nieve para que encajen con la inversión.

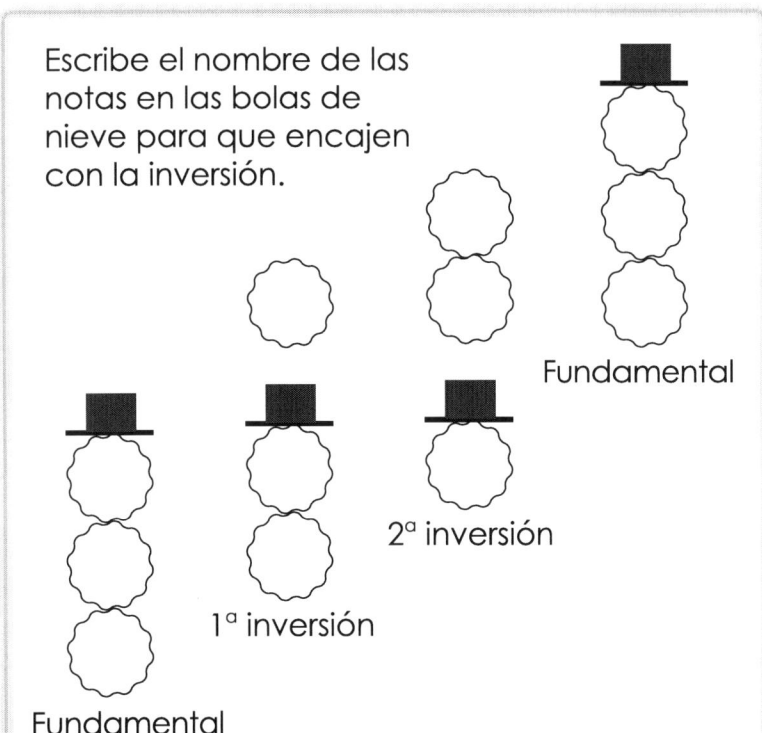

Fundamental

1ª inversión

2ª inversión

Fundamental

Inversiones de acordes	M.D.	M.I.
Asignado		
Conseguido		

LOS ACORDES TONALES
Re menor

UNIDAD 6

Puedes formar una triada sobre cada nota de la escala de re menor para obtener los acordes básicos de esta tonalidad. A continuación se muestran los acordes tonales de re menor, construidos sobre los grados I, IV, y V de la escala.

Analiza

- En la siguiente progresión armónica, rodea con un círculo los acordes que están invertidos.

- Toca cada acorde que has rodeado. Con la ayuda de tu profesor, inviértelo hasta que encuentres el mismo acorde en estado fundamental.

- Cuando hayas encontrado los acordes en estado fundamental, escribe debajo su nombre y su grado con números romanos.

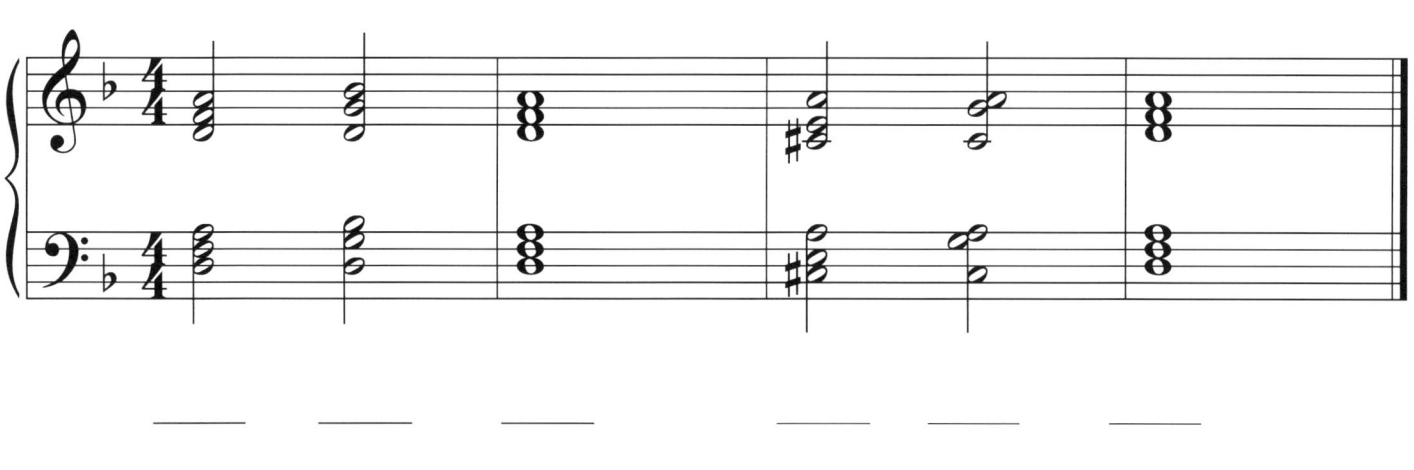

PROGRESIONES ARMÓNICAS
Re menor

UNIDAD 6

Toca

- Toca con manos separadas mientras dices los grados de cada acorde.
- Cuando hayas aprendido bien cada mano por separado, toca las manos juntas añadiendo el pedal.

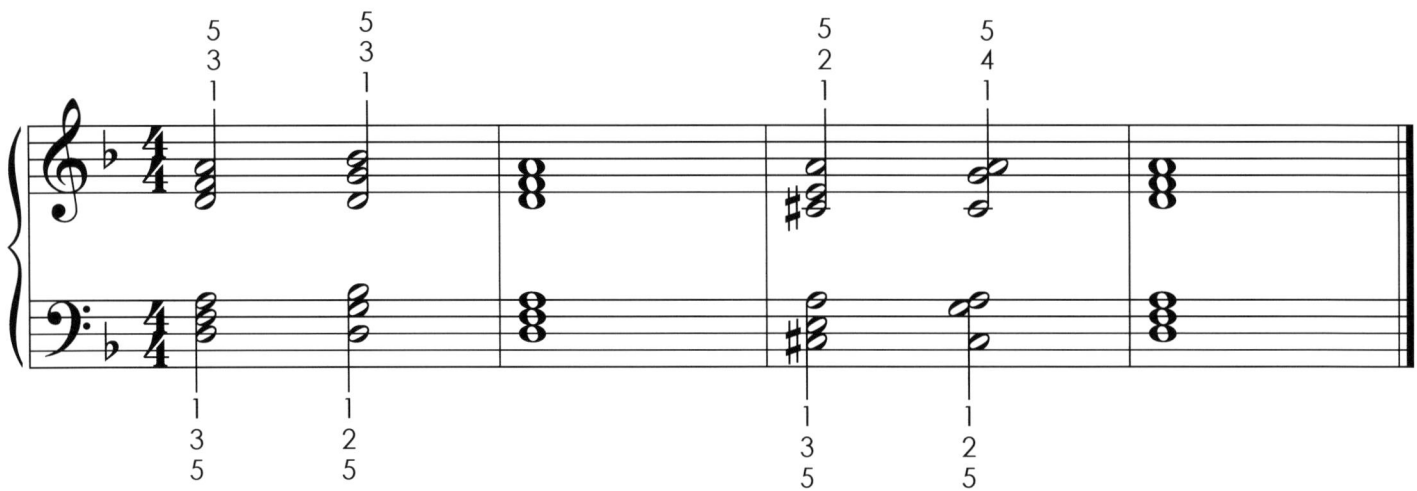

¿HAS CONSEGUIDO?

Que las notas suenen simultáneamente.

Las muñecas relajadas.

La forma de la mano redondeada

Progresión armónica	M.D.	M.I.	M.J.	M.J. con pedal
Asignado				
Conseguido				

PATRONES DE ACOMPAÑAMIENTO
Revisión de las tonalidades aprendidas

UNIDAD 6

> Toca cada patrón con los acordes en la M.D y el acompañamiento en la M.I.

Bajo de Alberti	Do mayor	La menor	Sol mayor	Mi menor	Fa mayor	Re menor
Asignado						
Conseguido						

Acomp. de vals	Do mayor	La menor	Sol mayor	Mi menor	Fa mayor	Re menor
Asignado						
Conseguido						

Acomp. stride	Do mayor	La menor	Sol mayor	Mi menor	Fa mayor	Re menor
Asignado						
Conseguido						

Acordes quebrados	Do mayor	La menor	Sol mayor	Mi menor	Fa mayor	Re menor
Asignado						
Conseguido						

HANON N° 1
Variaciones gastronómicas

UNIDAD 6

Ya aprendiste el "ejercicio nº 1 de Hanon" en la Unidad 5 (p. 64). El cambio de articulación de este ejercicio le dará a tus dedos un entrenamiento técnico adicional.

Toca con *staccato* ligero y uniforme en la parte de los frutos secos y *legato* fluido en la parte del refresco.

Variación 1: primer aperitivo

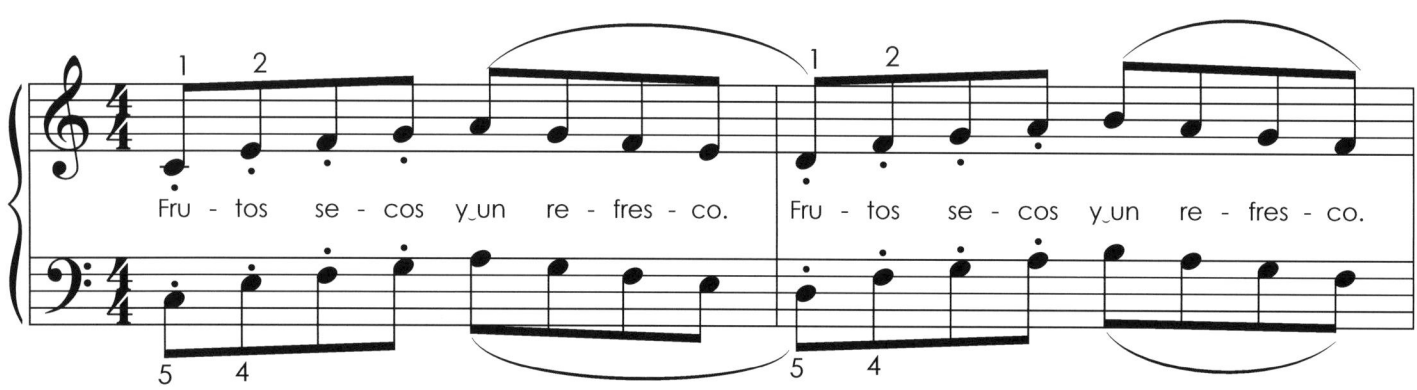

Variación 1	Frutos secos y un refresco
Asignado	
Conseguido	

Acompañamiento para el profesor. El alumno toca una octava más alta de lo escrito.

Variación 2: segundo aperitivo

Continúa el ejercicio

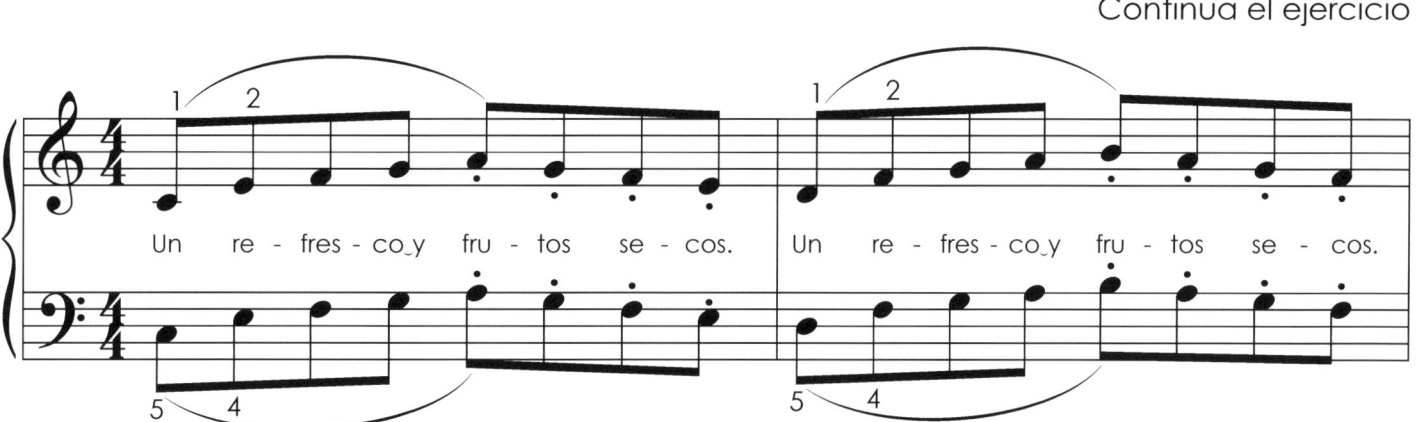

Variación 2	Un refresco y frutos secos
Asignado	
Conseguido	

Acompañamiento para el profesor. El alumno toca una octava más alta de lo escrito.

Variación 3: primer plato

Continúa el ejercicio

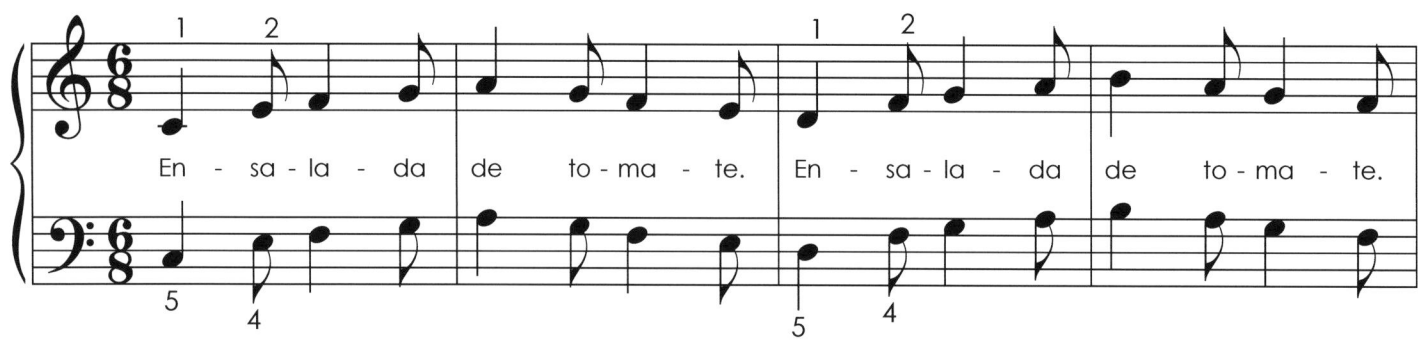

Variación 3	Ensalada de tomate
Asignado	
Conseguido	

¿HAS CONSEGUIDO?

Notas cortas: ligeras; notas largas: apoyadas.

Un ritmo oscilante.

El pulgar en la esquina de la yema
y una buena posición para el dedo 5.

Acompañamiento para el profesor. El alumno toca una octava más alta de lo escrito.

TERCERAS DOBLES
Non legato y ligadura de expresión

UNIDAD 6

Toca

- Las terceras sin la ligadura deben tocarse *non legato* con un movimiento del antebrazo.
- Escucha la conexión en *legato* entre las terceras con ligaduras.
- Toca cada mano por separado antes de tocar las manos juntas.

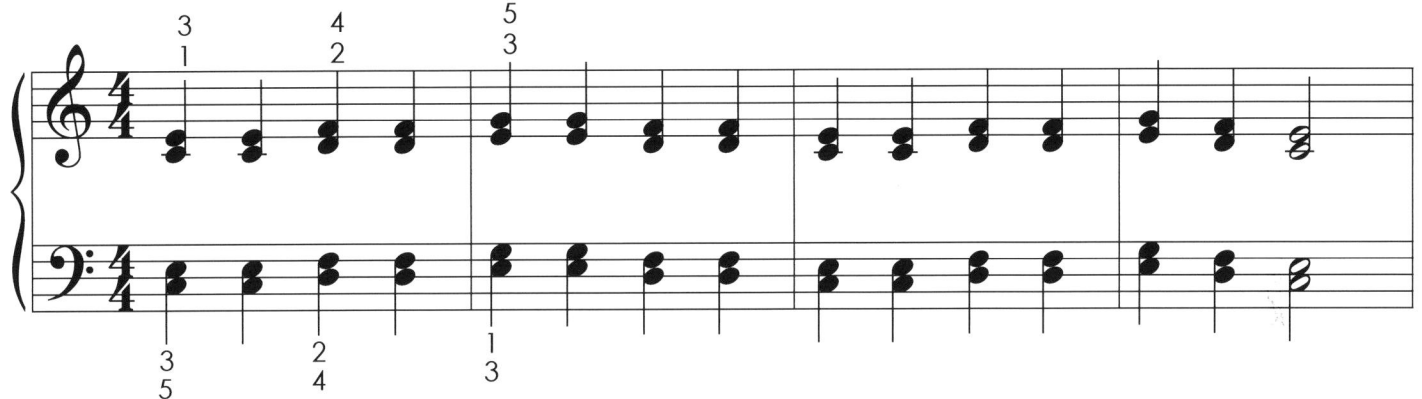

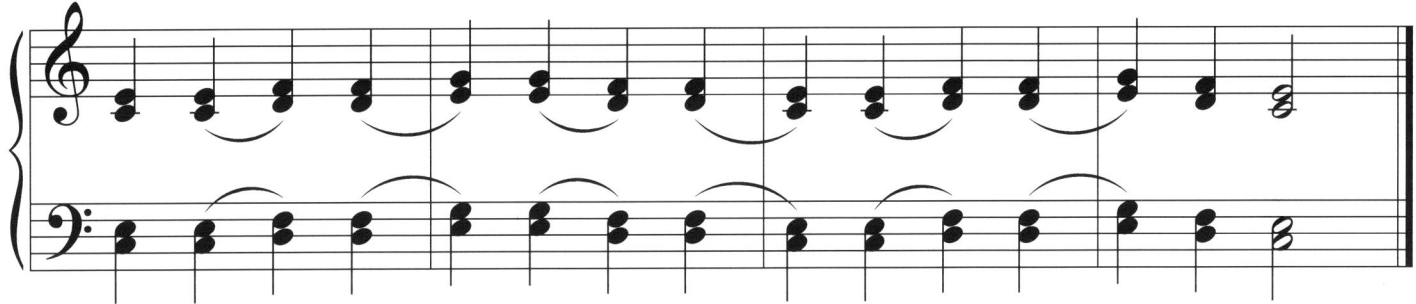

¿HAS CONSEGUIDO?

Que las notas suenen simultáneamente.

El brazo alineado detrás de la mano.

Un sonido firme y claro.

Terceras dobles	Do mayor	La menor	Sol mayor	Mi menor	Fa mayor	Re menor
Asignado						
Conseguido						

HANON N° 1
Variaciones gastronómicas

UNIDAD 7

Variación 4: segundo plato

Continúa el ejercicio

Po - llo a-sa - do con ver - du - ras. Po - llo a-sa - do con ver - du - ras.

Variación 4	Pollo asado con verduras
Asignado	
Conseguido	

¿HAS CONSEGUIDO?

Una elevación de la muñeca en las negras con puntillo.

Las corcheas en *legato*.

Un ritmo ligero.

Acompañamiento para el profesor. El alumno toca una octava más alta de lo escrito.

Variación 5: postre

Continúa el ejercicio

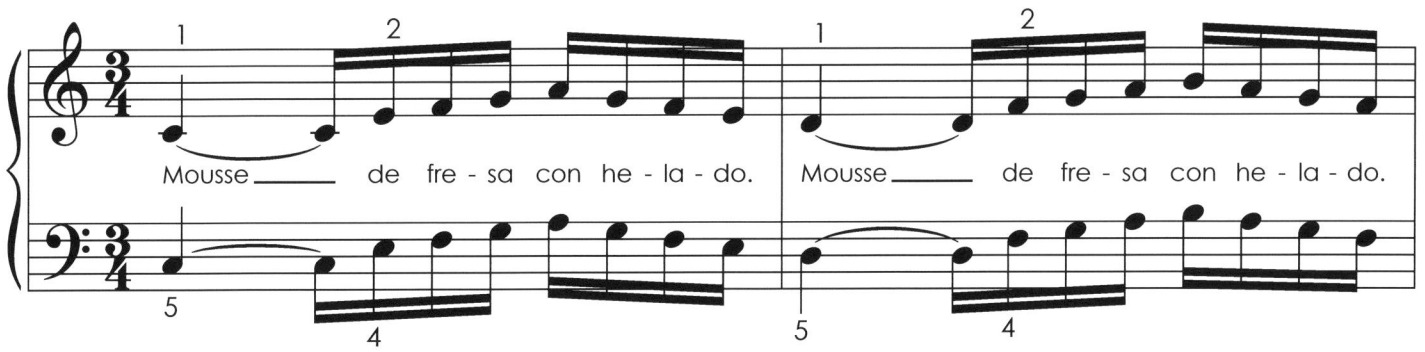

Variación 5	Mousse de fresa con helado
Asignado	
Conseguido	

¿HAS CONSEGUIDO?

Una ligera elevación de la muñeca en la nota ligada.

Las semicorcheas claras.

Un buen fraseo.

Acompañamiento para el profesor. El alumno toca una octava más alta de lo escrito.

HANON N° 1
Variaciones gastronómicas

UNIDAD 7

Variación 6: café

Continúa el ejercicio

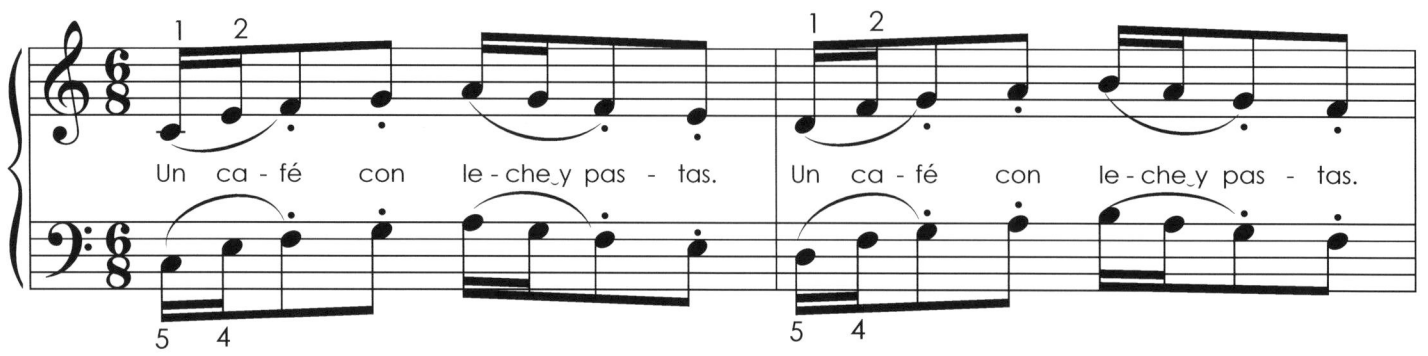

Variación 6	Un café con leche y pastas
Asignado	
Conseguido	

Acompañamiento para el profesor. El alumno toca una octava más alta de lo escrito.

MÁS TERCERAS DOBLES
Non legato y legato

UNIDAD 7

Toca

- Toca este ejercicio *non legato* prestando atención a que las notas de cada tercera suenen simultáneamente.

- Una vez dominado el *non legato*, toca *legato*, utilizando el brazo y la muñeca para rebotar en cada tercera. Practica cada mano por separado antes de tocar las manos juntas.

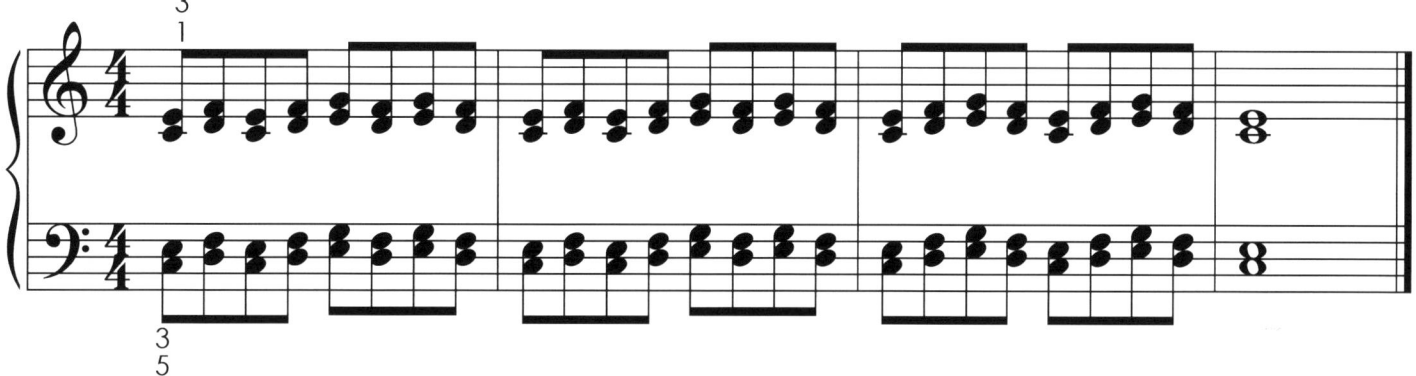

¿HAS CONSEGUIDO?

Que las notas suenen simultáneamente.

Un tono enérgico en las terceras *non legato*.

El rebote del brazo y la muñeca en el *legato*.

Non Legato	Do mayor	La menor	Sol mayor	Mi menor	Fa mayor	Re menor
Asignado						
Conseguido						

Legato	Do mayor	La menor	Sol mayor	Mi menor	Fa mayor	Re menor
Asignado						
Conseguido						

DO MAYOR
Revisión

UNIDAD 7

 Escribe un *tempo* en cada casilla y márcalo cuando completes la escala con la digitación correcta, con seguridad y una buena calidad de sonido.

1 oct. ♩   2 octs. ♫

Tempo	80						
Do Mayor M.S.	✓						

Toca la escala de *do* mayor en una octava con las manos juntas. Cuando la domines, dibuja una cara sonriente en el recuadro.

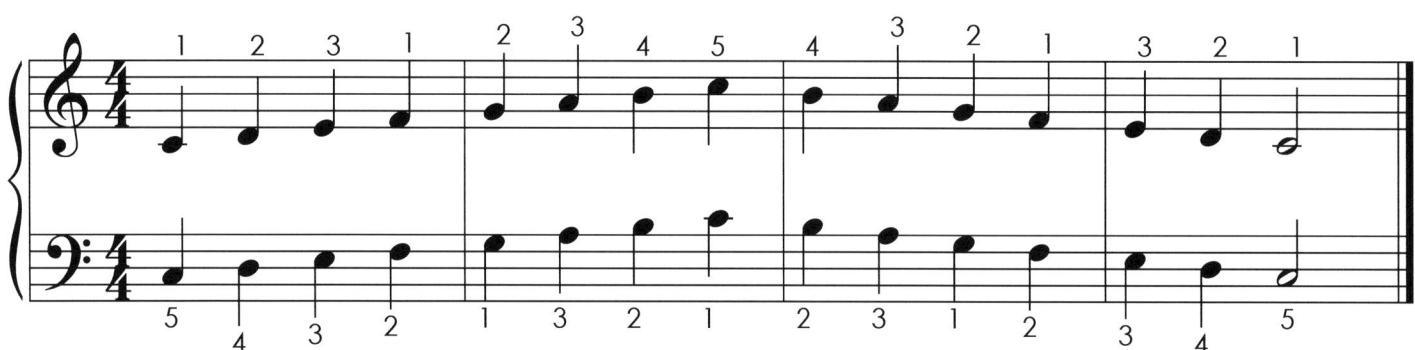

Escala de do M M.J.	

Toca las inversiones de *do* mayor con las manos juntas y con pedal. Asegúrate de que las digitaciones son las correctas. Cuando las domines, dibuja una estrella en el recuadro.

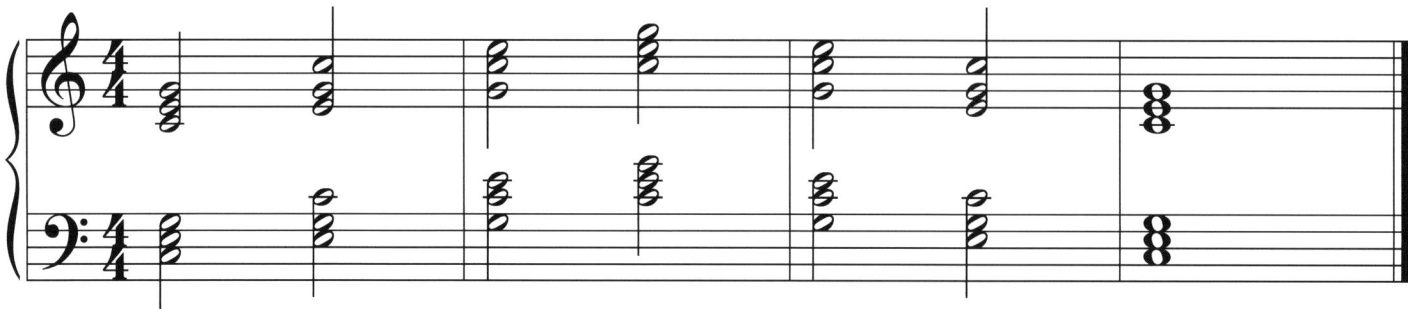

Inversiones de do M	

LA MENOR
Revisión

Toca — Escribe un *tempo* en cada casilla y márcalo cuando completes la escala con la digitación correcta, con seguridad y una buena calidad de sonido.

1 oct. ♩   2 octs. ♫

Tempo										
La menor natural M.S.										

Tempo										
La menor armónica M.S.										

Tempo										
La menor melódica M.S.										

- Toca cada tipo de la escala de *la* menor en una octava con las manos juntas. Cuando domines cada escala, dibuja una carita sonriente en el recuadro de la derecha.

1 oct. ♩

La menor natural M.J.	
La menor armónica M.J.	
La menor melódica M.J.	

- Toca las inversiones de *la* menor con las manos juntas. Cuando las domines, dibuja una estrella en el recuadro de la derecha.

La m inversiones M.J.	

Responde a las siguientes preguntas:

- ¿Hay alguna tecla negra en la escala de *la* menor natural? Rodea: **SÍ**   **NO**

- ¿Qué tecla negra se toca en la escala de *la* menor armónica? _____

- ¿Qué teclas negras se tocan en la escala ascendente de *la* menor melódica? ___ ___

SOL MAYOR Y MI MENOR
Revisión

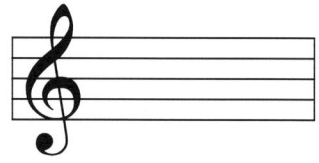

Escribe la armadura.

Toca — Escribe un *tempo* en cada casilla y márcalo cuando completes la escala con la digitación correcta, con seguridad y una buena calidad de sonido.

1 oct. ♩   2 octs. ♫

Escribe las teclas negras de cada escala en las líneas de abajo.

Tempo						
Sol Mayor M.S.						

_____

Tempo						
Mi menor natural M.S.						

_____

Tempo						
Mi menor armónica M.S.						

_____ _____

Tempo						
Mi menor melódica M.S.						

Ascendente _____ _____ _____

Descendente _____

- Toca cada escala en una octava con las manos juntas. Cuando domines cada escala, dibuja una carita sonriente en el recuadro de la derecha.

1 oct. ♩

Sol mayor M.J.	
Mi menor natural M.J.	
Mi menor armónica M.J.	
Mi menor melódica M.J.	

- Toca las inversiones de *sol* mayor y *mi* menor con las manos juntas. Cuando las domines, dibuja una estrella en el recuadro de la derecha.

Sol M inversiones M.J.	
Mi m inversiones M.J.	

FA MAYOR Y RE MENOR
Revisión

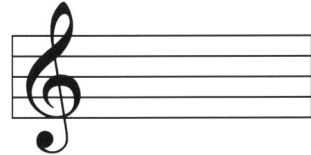

Escribe la armadura.

Toca — Escribe un *tempo* en cada casilla y márcalo cuando completes la escala con la digitación correcta, con seguridad y una buena calidad de sonido.

1 oct. ♩   2 octs. ♫

Escribe las teclas negras de cada escala en las líneas de abajo.

Tempo						
Fa Mayor M.S.						

_____

Tempo						
Re menor natural M.S.						

_____

Tempo						
Re menor armónica M.S.						

_____ _____

Tempo						
Re menor melódica M.S.						

Ascendente _____

Descendente _____

- Toca cada escala en una octava con las manos juntas. Cuando domines cada escala, dibuja una carita sonriente en el recuadro de la derecha.

- **¡Pista!** En la escala de *fa* mayor, los pulgares tocan juntos en *do* debido a la diferencia de digitación en la M.D.

- Toca las inversiones de *fa* mayor y *re* menor con las manos juntas. Cuando las domines, dibuja una estrella en el recuadro de la derecha.

1 oct. ♩

Fa mayor M.J.	
Re menor natural M.J.	
Re menor armónica M.J.	
Re menor melódica M.J.	

Fa M inversiones M.J.	
Re m inversiones M.J.	

CARNAVAL VIRTUOSÍSTICO

UNIDAD 7

SECONDO - PROFESOR

Allegro moderato

Julie Knerr Hague

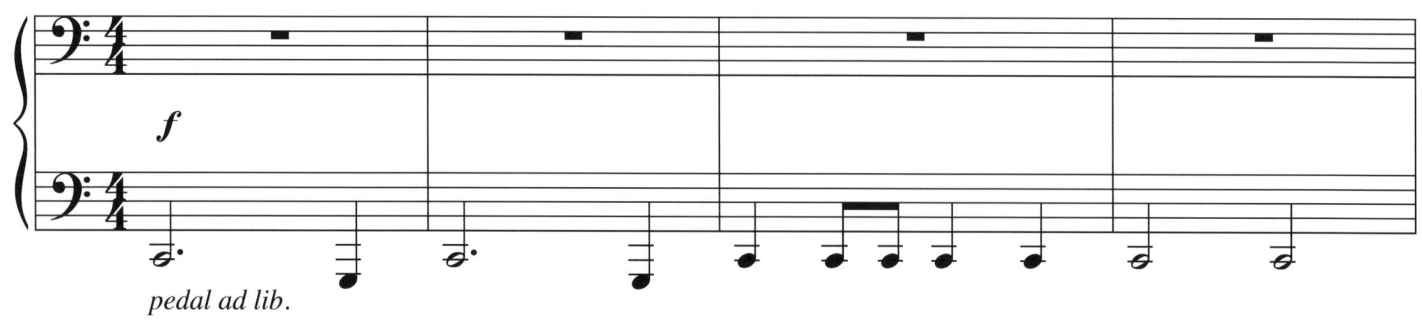

CARNAVAL VIRTUOSÍSTICO

UNIDAD 7

PRIMO - ALUMNO

Allegro moderato

Julie Knerr Hague

89

SECONDO

SECONDO

SECONDO

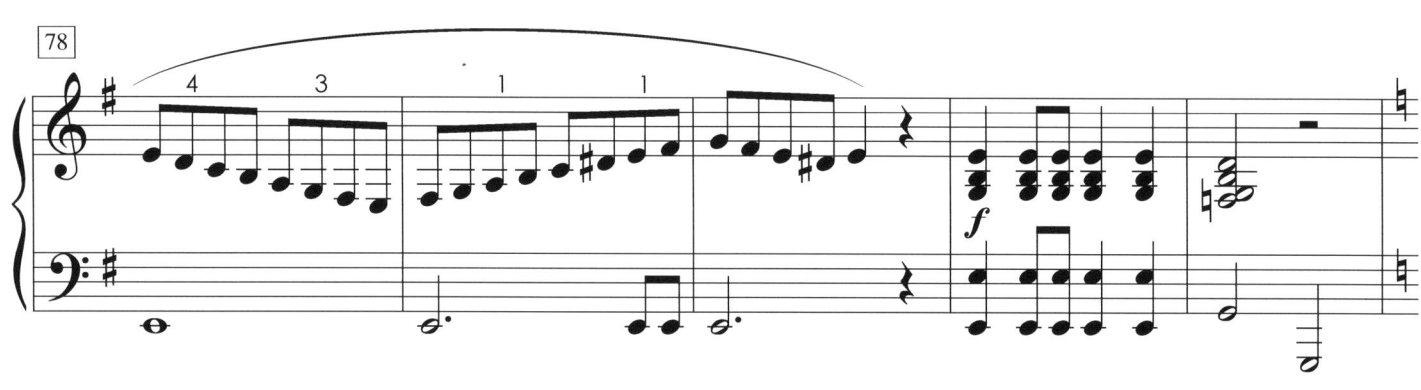
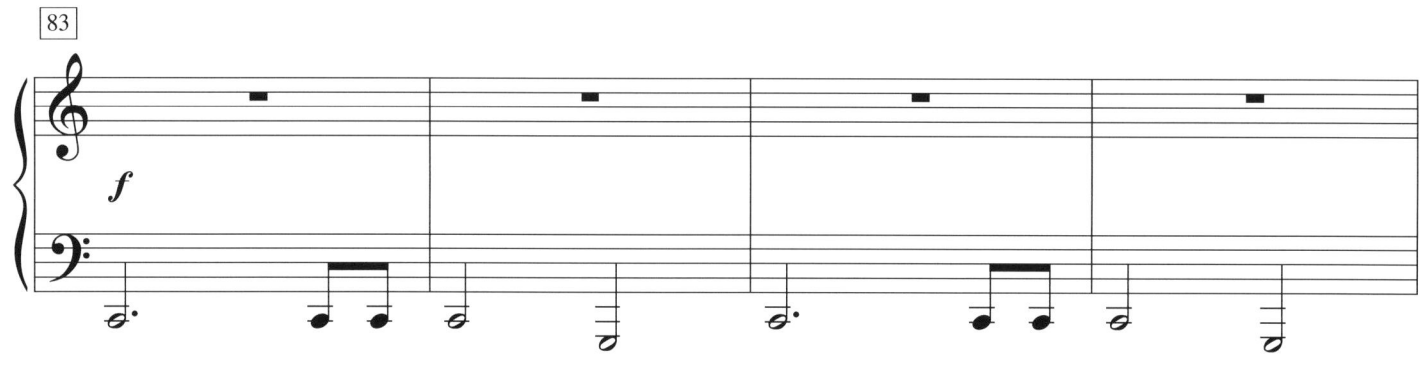

PRIMO

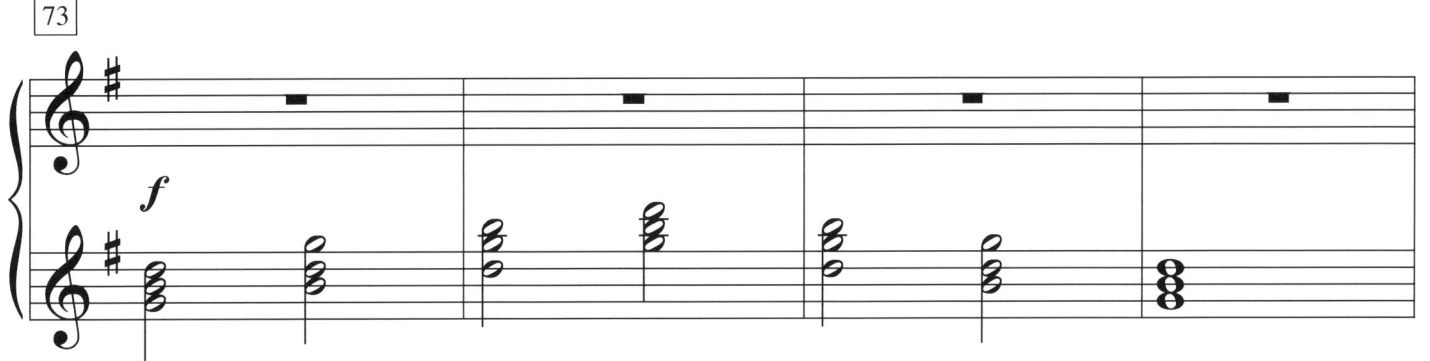
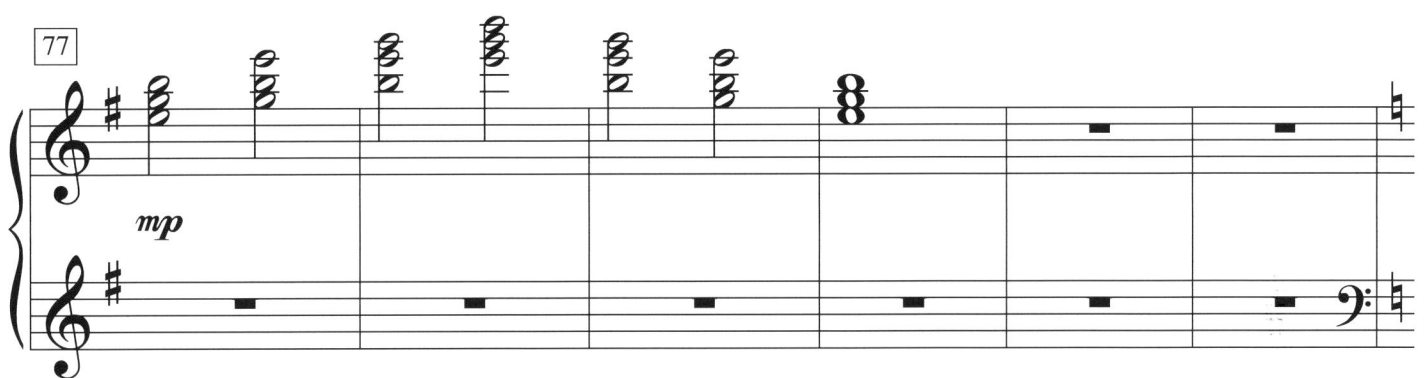
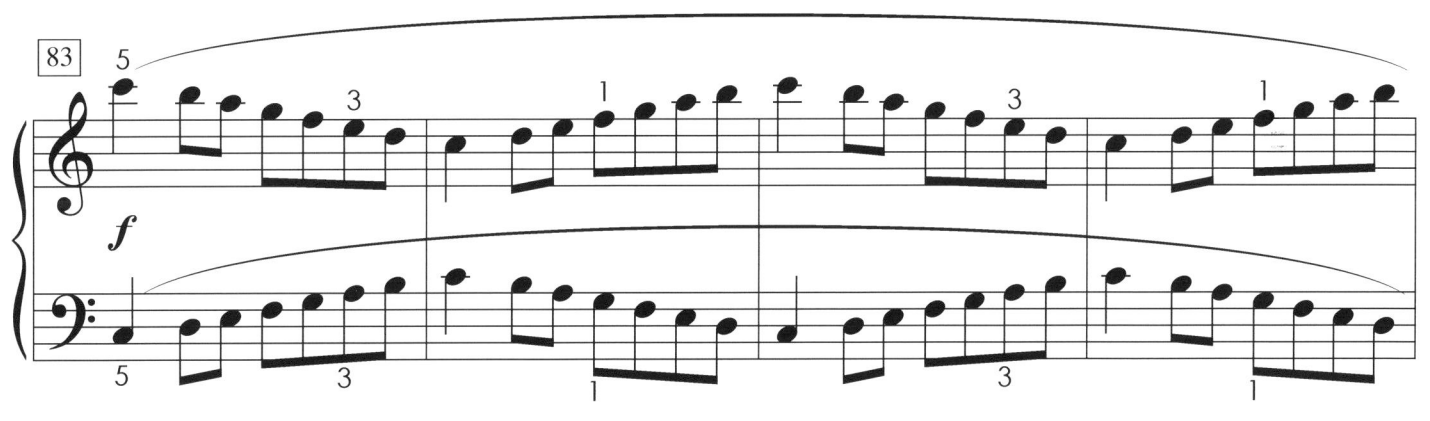
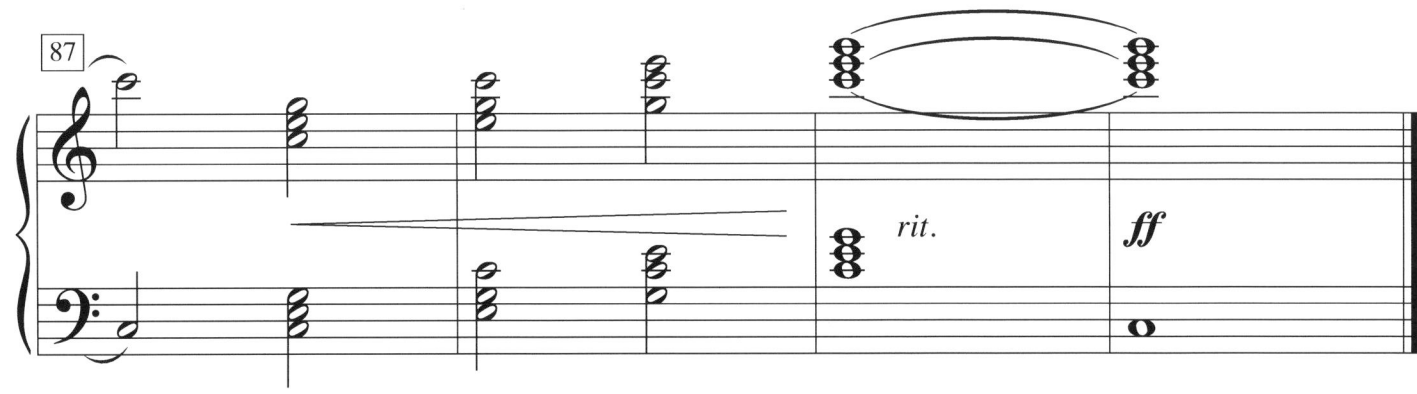

SOBRE LAS AUTORAS

KATHERINE FISHER es integrante de la facultad de la Universidad de Ohio, situada en Athens. Entre sus funciones se incluyen la enseñanza de la pedagogía pianística y clases de piano privadas así como la coordinación del Programa Piano Safari (lecciones grupales) para niños que se inician en el instrumento.

Katherine Fisher y la Dra. Julie Knerr Hague desarrollaron el Método Piano Safari® cuando estudiaban juntas en la Universidad de Oklahoma. Mientras realizaban sus estudios superiores, se dieron cuenta de que tenían el sueño mutuo de escribir un método de piano que incorporase los mejores elementos de las diversas técnicas que habían estado usando en su enseñanza.

Katherine es artista de Yamaha, y es también integrante del *Fisher Piano Duo* junto con su marido, el Dr. Christopher Fisher. El dúo se ha presentado por todo Estados Unidos. Ambos son coautores de la edición revisada y ampliada de *Piano Duet Repertoire* (Indiana University Press, 2016).

Originaria de Ohio, Katherine se licenció en la Universidad de Oklahoma (Máster en Interpretación y Pedagogía de Piano) y en el Conservatorio de Música del Wheaton College (Grado en Interpretación de Piano). Ha estudiado bajo la dirección de Jeongwon Ham, Jane Magrath, Barbara Fast, Karin R. Edwards y Nancy Bachus.

La **Dra. JULIE KNERR HAGUE** enseña piano en su estudio privado de Connecticut.

Julie ha enseñado piano, pedagogía pianística y piano grupal como profesora en la Universidad de Missouri, la Universidad de la ciudad de Oklahoma, la Universidad de Ohio y la División Comunitaria de la Escuela Hartt.

Julie tiene un doctorado en Educación Musical con especialidad en Pedagogía del Piano por la Universidad de Oklahoma, donde su tesis sobre técnica pianística a nivel elemental fue nominada para el Premio a la Mejor Tesis Doctoral en 2006. Entre sus títulos adicionales se incluyen el título de Máster en Interpretación Pianística y Pedagogía Pianística por la Universidad de Illinois en Urbana-Champaign y una licenciatura en Interpretación Pianística por la Universidad de Puget Sound. Entre sus mentores en pedagogía pianística se encuentran Jane Magrath, Barbara Fast, Christos Tsitsaros y Reid Alexander.

Como pianista acompañante consumada, Julie disfruta tocando tanto con instrumentistas como con cantantes. Entre sus profesores de piano se encuentran Duane Hulbert, James Barbagallo, William Heiles, Timothy Ehlen y Edward Gates.

Julie es conferenciante y jurado habitual en festivales de todo Estados Unidos. Sus intereses de investigación actuales incluyen la técnica pianística a nivel elemental, el repertorio pianístico menos conocido de nivel intermedio y la pedagogía de piano en grupo.